HOW TO LIVE & WORK
#3

행복

일러두기

'emotional intelligence'는 '감성지능, 정서지능' 등으로도 번역되나 이번 How to Live & Work 시리즈에서는 '감정지능'으로 표기하였다. 유사한 경우로 'self-compassion' 은 '자기 자비'로(유사 표현: 자기 연민), 'self-awareness'는 '자아 인식'으로(유사 표현: 자기 지각, 자기 인식, 자의식), 'self-knowledge'는 '자기 이해'로(유사표현: 자기 인식) 번역어의 표기를 통일하였다.

HBR'S EMOTIONAL INTELLIGENCE SERIES: HAPPINESS

Copyright ⓒ 2017 Harvard Business School Publishing Corporation
All rights reserved.
This Korean edition was published by Book21 Publishing Group
in 2018 by arrangement with Harvard Business Review Press
through KCC(Korea Copyright Center Inc.), Seoul.

HOW TO LIVE & WORK #3

행복

제니퍼 모스 외 지음 | 정영은 옮김

출퇴근길에 잃어버린 소확행을 찾아서

21세기북스

차례

1
고통의 부재가 행복을 의미하지는 않는다

무엇이 지속적인 만족감을 주는가

by 제니퍼 모스

제니퍼 모스 Jennifer Moss
플래스티시티 랩Plasticity Labs의 공동창립자이자 최고 커뮤니케이션 책임자다.

많은 이들에게 행복은 잡힐 듯 잡히지 않는 모호한 것이다. 행복은 마치 안개와도 같다. 멀리서 볼 때는 자욱하게 뭉쳐 있어 형체가 있는 것 같지만 막상 가까이 다가가 보면 그 입자는 흩어져버린다. 안개 한가운데 서 있어도 손으로 잡을 수는 없다.

우리는 행복 추구를 지나치게 강조한다. 그러나 잠시 생각해보면, 추구라고 하는 것은 뭔가를 꼭 얻는다는 보장 없이 좇는 행위다.

약 6년 전까지 나 또한 행복을 열렬히 좇았으나 그것을 얻지는 못했다. 당시 나는 남편 짐이랑 두 살배기 아들과 함께 캘리포니아 산호세에 살며 둘째의 탄생을 기다리고 있었다. 누가 봐도 우리의 인생은 장밋빛이었다. 하지만 이상하게도 삶의 기쁨을 찾을 수 없었다. 잘 살고 있으면서도 늘 우울해한다는 사실에 죄책감이 들었고, 소위 '선진국'에 사는 사람의 배부른 투정 같아 부끄러웠다.

그러던 2009년 9월, 나의 세상이 뒤흔들렸다. 짐이 갑자기 중병에 걸린 것이다. 짐은 신종플루와 웨스트나일 바이러스West Nile virus(뇌염의 일종 – 옮긴이)에 감염됐다는 진단을 받았고, 설상가상으로 면역체계 이상으로 인한 길랭바레 증후군Guillain-Barre syndrom(급성 염증성 탈수초성 다발성 신경병증. 말초신경에 염증이 생겨 신경세포의 축삭을 둘러싸고 있는 '수초'라는 절연물질이 벗겨져 발생하는 급성 마비성 질환 – 옮긴이)까지 찾아왔다.

짐은 죽음을 걱정하지는 않았지만, 나는 걱정을 멈출 수 없었다.

다행히 짐은 고비를 넘겼고, 우리 가족은 병세가 호전되고 있다는 이야기에 안심했다. 그러나 앞으로 1년, 어쩌면 그 이상의 기간 동안 걷기 어려울지도 모른다는 말에 또다시 걱정에 잠겨야 했다. 당분간 걸을 수 없다는 것은 라크로스 프로선수였던 짐의 선수생활이 끝났다는 의미였다. 치료비를 어떻게 감당해야 할지, 짐에게 아이들을 돌볼 힘이 남아 있을지 여부도 전혀 알 수 없었다.

둘째의 출산 예정일이 10주가량 남은 상황에서 나에게는 상황을 생각하고 따져볼 시간이 거의 없었다. 반면 짐에게 있는 것은 *시간뿐*이었다. 일상생활에서도 경기장에서도 재빠르게 움직이는 데 익숙했던 짐에게 병원에서의 1분은 마치 한 시간 같았다. 병원생활은 물리치료와 재활치료로 바쁘게 채워졌지만, 짐에게는 심리적 지원이 필요했다.

짐은 자신의 SNS에 심리적 치유에 도움이 될 만한 책을 추천해달라는 글을 올렸다. 추천이 물밀듯 들어왔다. 많은 이들이 다양한 책과 오디오북을 병실로 보내왔다. 자신들이 겪은 어려움을 극복하는 데 정말 큰 도움이 됐다는 메모와 함께.

짐은 토니 로빈스와 오프라 윈프리의 책을 읽고, 질 볼

트 테일러가 뇌 외상의 영향에 관해 얘기한 〈뇌졸중이 준 통찰My Stroke of Insight〉 같은 테드 강연을 보았다. 디팩 초프라나 달라이 라마가 쓴 영적인 서적을 탐독하기도 했고, 마틴 셀리그먼, 숀 아처, 소냐 류보머스키를 비롯한 연구자들이 쓴 행복과 감사에 대한 과학논문을 읽기도 했다.

짐은 이 모든 문헌과 영상을 관통하는 하나의 주제를 발견하게 되었다. 바로 감사하는 마음의 중요성이었다. 과학논문에도, 누군가의 이야기를 다룬 실화에도, 성공의 비결을 다룬 글에도 감사의 중요성은 빠지지 않았다. 이를 깨달은 짐은 자신만의 감사노트를 쓰기 시작했고, 매사에 감사하는 마음을 가지게 되었다. 짐은 병실의 시트를 갈아주는 직원에게도, 따뜻한 저녁식사를 가져다주는 가족에게도 고맙다는 말을 잊지 않았다. 응원의 말을 건네는 간호사에게도, 개인 시간에 짬을 내 한 번 더 신경을 써주는 재활팀에게도 늘 고마워했다. (나중에 재활팀은 짐이 담당자들의 노고를 고맙게 여긴다는 걸 알아서 더 신경 쓰게 되더라고 내게 말했다.)

짐은 나에게도 자신의 노력에 동참해달라고 했다. 힘겨

위하는 짐의 모습을 지켜봐온 나는 어떻게든 짐의 치유를 돕고 싶은 마음이 컸고, 그의 세계인 병실에서만이라도 긍정적인 태도를 유지하려고 애썼다. 물론 쉽지만은 않았다. 가끔은 힘든 티도 낼 수 없다는 사실에 화가 나기도 했다. 그러나 얼마 지나지 않아 짐의 빠른 회복세가 내 눈에도 보이기 시작했다. 짐과 나의 방식이 처음부터 완전히 일치하지는 않았지만 어쨌든 우리는 함께 노력했고, 어느새 나는 짐의 방식을 따르고 있었다.

퇴원은 여전히 무섭고 떨리는 일이었다. 그러나 남편은 구급차에 실려 응급실로 호송된 날로부터 단 6주 만에 목발을 짚고 병원에서 퇴원했다(짐은 휠체어를 단호히 거부했다). 그렇게 빠른 회복을 목격한 우리는 단순한 운이 아닌 뭔가가 작용했다는 것을 깨닫게 되었다.

짐은 입원생활 초기에 마틴 셀리그먼의 『플로리시』라는 책에 많이 의지했다. 심리학자로서 미국심리학회 회장을 역임한 셀리그먼은 세계 곳곳에서 진행되는 긍정심리학 연구의 근간이라 할 수 있는 '페르마PERMA' 공식을 제시했다. 'PERMA'는 지속적인 충만감을 얻기 위해 반드시 필요한 다섯 가지 요소의 머리글자를 따서 만든 약어다.

- **긍정적인 정서**Positive emotion: 행복을 느끼게 하는 긍정적인 정서에는 평화, 감사, 만족, 기쁨, 영감, 희망, 호기심, 사랑 등이 포함된다.
- **몰입**Engagement: 어떤 업무나 활동에 몰입하면 거기에 푹 빠져들어 '시간을 자각하지 못하는 상태'에 이르게 된다.
- **긍정적 관계**Relationships: 타인과 의미 있고 긍정적인 관계를 맺고 있는 사람은 그렇지 않은 사람에 비해 행복하다.
- **삶의 의미**Meaning: 삶의 의미는 자기 자신보다 더 큰 대의나 목표에 기여하고자 하는 행위에서 찾을 수 있다. 종교가 됐든 인류를 돕기 위한 행위가 됐든, 우리는 모두 삶의 의미를 필요로 한다.
- **성취**Accomplishment/Achievement: 삶에 대한 의미 있는 만족을 느끼기 위해서는 더 나은 자신을 만들기 위해

정진해야 한다.

우리 부부는 이 다섯 가지 요소를 서서히 다시 찾아가기 시작했다. 짐은 다시 윌프리드로리에대학으로 돌아가 신경과학을 연구했다. 얼마 지나지 않아 우리는 행복을 추구하며 배운 교훈을 다른 이들과 나누기 위해 플래스티시티 랩을 창업했다. 공감과 감사, 의미 있는 일들로 삶을 채워가면서 내가 느끼곤 했던 슬픔은 자취를 감췄다.

이런 경험이 있다 보니 긍정심리학 운동에 대한 비판을 접할 때면 발끈하게 된다. 긍정심리학을 비판하는 이들에게 대체 어떤 부분이 그렇게 못마땅한지 묻고 싶다. 감사하는 마음이? 긍정적인 관계가? 삶의 의미가? 희망이?

어쩌면 대중문화와 미디어에서 행복을 지나치게 단순화하면서 그에 관련된 연구들 또한 근거 없는 것으로 치부하게 된 것일 수도 있다. 사회심리학 전공으로 박사후연구원 과정에 있는 바네사 부오트 또한 나에게 이런 내용의 이메일을 보낸 적이 있다.

행복에 대한 가장 큰 오해 중 하나는 행복이 늘 명랑하고 즐거우며 만족스러운 상태, 늘 웃고 있는 상태라는 생각입니다. 행복은 그런 것이 아닙니다. 행복하고 충만한 삶을 산다는 것은 긍정과 부정을 함께 받아들이고, 부정적인 것들을 새로운 시각으로 바라보는 방법을 배우는 것입니다. 하버드대 연구원 조르디 쿠아드박은 최근 「실험 심리학 저널Journal of Experimental Psychology」에 발표한 「감정다양성과 감정생태계Ecodiversity and the Emotional Ecosystem」라는 논문에서 긍정적 감정과 부정적 감정을 모두 포함하는 광범위한 감정 경험이 정신적·신체적 건강과 연관되어 있다고 말한 바 있습니다.

우리는 행복을 오해하고 있을 뿐 아니라 잘못된 방식으로 추구하는 경향도 있다. 「하버드비즈니스리뷰」에 「긍정지능Positive Intelligence」이라는 글을 기고한, 동기부여 강사이자 연구자인 숀 아처는 많은 사람들이 행복에 대해 잘못된 생각을 가지고 있다며 다음과 같이 말했다. "우리는 행복을 수단이 아닌 목표로 본다는 점에서 행복을 크게 오해하고 있습니다. 원하는 것을 얻으면 행복해질 것이라고 생각하죠. 그러나 밝혀진 바에 따르면 우리의 뇌는 사실 반대로 작동합니다."

부오트는 또한 이렇게 말했다. "우리는 행복을 최종적인 목표로만 생각해서 정말 중요한 것은 과정이라는 사실을 잊곤 합니다. 무엇이 우리를 행복하게 하는지 찾고 행복을 주는 활동에 주기적으로 참여해야 충만한 삶을 살 수 있습니다."

다시 말해, 우리는 행복을 좇는 중에는 행복하지 않다. 오히려 행복을 의식하지 않을 때, 의미 있는 어떤 일에 푹 빠져 있을 때, 더 높은 목표에 몰두하고 있을 때, 도움이 필요한 이들을 돕고 있을 때, 그렇게 현재를 즐기고 있는 순간에 우리는 가장 행복하다.

건강한 긍정성은 실제 감정을 감추는 것이 아니다. 행복은 고통의 부재라기보다는 고통을 딛고 다시 일어서는 능력이다. 또한 행복은 기쁨이나 쾌락과는 다르다. 행복은 충만감, 건강함, 그리고 감정의 모든 측면을 경험할 수 있는 정서적 유연성을 아우르는 감정이다. 우리 회사에는 불안장애나 우울증을 겪었던 이들도 있고, 외상 후 스트레스 장애에 시달렸던 이들도 있다. 심각한 정신장애에 시달리는 가족의 모습을 지켜봐야 했던 이들도 있다. 물론 직원 모두에게 그런 경험이 있는 것은 아니다. 우리는 원할 때 서로의 경험을 터놓고 이야기하지만, 이야기하라고 강요하지 않는다. (기쁨의 눈물이든 슬픔의 눈물이든) 필요할 때는 사무실에서 울기도 한다.

새로운 시각을 추구하는 이들은 행복이 해롭다는 주장을 하기도 한다(이 책에 실린 글들 중 마지막 두 편이 그 예다). 그러나 행복은 정신적·정서적 건강을 기르는 연습이며, 억지웃음으로 표정을 가리거나 골칫거리가 저절로 사라지기를 바라는 것과는 다르다. 우리가 그러한 연습을 하는 것은 훈련을 통해 회복탄력성을 키우고 스트레스 요인에 더 잘 대처하기 위해서다. 마라톤에 나가기 위해 연습하는 것과 마찬가지다.

나는 병원에서 남편의 변화를 목격했다. 처음에는 미묘한 변화였지만, 어느 순간 감사와 행복은 나에게 남편의 치유라는 선물을 안겨주었다. 이런 나에게 누군가 행복이

해롭다고 말한다면, 글쎄, 기꺼이 감수하겠다고 말하는 수밖에.

2
직장에서 행복해지는 법

일과 감정의 균형 잡기

by 애니 맥기

애니 맥키 Annie McKee

펜실베이니아대학교 선임 연구원이자 PennCLO 경영자 박사과정의 책임
자로, 텔레오스 리더십 인스티튜트Teleos Leadership Institute의 설립자이기도 하
다. 대니얼 골먼, 리처드 보이애치스와 함께 『감성의 리더십』, 『공감 리더십』,
『공감하는 리더 되기』 등을 집필한 바 있다. 이 글에 소개된 내용은 애니 맥키
의 『직장에서 행복하기How to be Happy at Work』에서 더 자세히 살펴볼 수 있다.

우리는 일터에서의 행복과 직업적 성공은 무관하다고 믿곤 했다. 직장 동료를 꼭 좋아할 필요도 없고, 심지어 그들과 같은 가치를 공유할 필요도 없다고 생각하기도 했다. 한마디로 '일은 일이다'라는 논리였다. 하지만 이는 잘못된 생각이다.

10여 개 기업 수백 명의 직장인을 대상으로 한 나의 연구는 물론이고, 리처드 데이비드슨, V. S. 라마찬드란 등의 신경과학자나 숀 아처 등의 학자 또한 아주 간단한 진실을 말하고 있다. 바로 행복한 사람이 일도 잘한다는 사실이다. 자신의 업무와 동료에 대한 열의를 가지고 있는 사람이 더 열심히, 더 똑똑하게 일한다.

그러나 우려스러울 정도로 많은 이들이 자신의 일에 무관심하다. 2013년 갤럽 조사는 미국의 근로자 중 단 30퍼센트만이 일에 열의를 가지고 있다는 충격적인 결과를 보여주었다. 이 결과는 내가 직장에서 목격하고 있는 추세와도 일치한다. 자신이 속한 조직에 진정한 감정적·지적 열의를 쏟아붓는 사람은 많지 않다.[1] 너무 많은 이들이 직장 일에는 손톱만큼도 관심이 없다. 금요일만 목이 빠지게 기다리는 이들에게 수요일은 그냥 '가운데 날'일 뿐이다. 더 위험한 부류도 있다. 앞서 언급한 갤럽 조사에 따르면 업무를 적극적으로 배척하는 사람이 다섯 명에 한 명 꼴인데, 이들은 프로젝트를 고의로 망치거나 동료들을 모함하고 일터에서 포악질을 부린다.

갤럽 보고서는 근로자들의 직무 열의도가 경기 호황이나 불황과 무관하게 수년간 거의 일정하게 유지돼왔다는 사실 또한 지적했다. 이 보고서는 우리가 일에 대한 열의를 잃은 지 이미 오래라는 사실을 보여주고 있다. 무서운 일이다.

일에 열의가 없는 불행한 사람들과는 일을 해도 재미가 없다. 이들은 조직에 가치를 더하지도 못한다. 이들은 조직, 나아가 경제에 중대한 부정적 영향을 끼친다. 만약 일반 직원이 아닌 리더들이 이렇다면 문제는 더 심각해진다. 이들의 태도가 다른 이들에게도 전염되기 때문이다. 리더의 감정과 태도는 다른 이들의 기분과 업무에 막대한 영향을 끼친다. 결국 우리의 감정은 우리가 무엇을 어떻게 생각하느냐와 연관되어 있다. 생각은 감정에 영향을 주고 감정은 다시 생각하는 방식에 영향을 준다.[2]

이제 직장에서 감정이 중요하지 않다는 잘못된 믿음을 버릴 때가 되었다. 그럴 만한 과학적인 근거도 있다. 감정과 생각, 행동 사이에는 명백한 신경학적 연관성이 존재한다.[3] 강렬한 부정적 감정은 마치 눈가리개처럼 작용한다. 감정의 눈가리개를 쓴 상태에서는 거의 모든 ― 혹은 모든 ― 에너지를 고통의 원천에만 집중한다. 이런 상태에서는 정보처리 능력은 물론이고, 창의적 사고력과 판단력도 떨어지게 된다. 절망, 분노, 스트레스는 우리의 중요한 능력을 마비시키고, 정상적인 사고와 몰입을 방해한다.[4] 업무에 대한 관심 저하는 지속적인 부정적 감정에 대한 자연스러운 신경적·심리적 반응이다.

그러나 꼭 부정적인 감정만 경계해야 하는 것은 아니다. 지나치게 강한 긍정적인 감정 또한 비슷한 효과를 내기 때문이다.[5] 일부 연구는 지나친 행복이 우리의 창의력을 저해하고 리스크 행동을 높인다는 사실을 보여주기도 했다(사랑에 빠졌을 때 하는 바보 같은 행동을 떠올려보면 이해하기 쉽다). 일과 관련된 예를 들자면 세일즈 콘퍼런스나 단합대회에서 지나치게 들뜬 사람들을 떠올려볼 수 있다. 이런 모임은 혁신과 배움의 자리가 되기보다는 술이 더해지며 온갖 문제의 온상이 되는 경우가 많다.

자, 이제 직장에서의 감정적 상태가 중요하다는 것을 알았으니 일에 대한 열의를 높이고 업무처리 능력을 향상시키기 위한 방법을 알아볼 차례다.

지난 몇 년간 텔레오스 리더십 인스티튜트 연구팀은 그 방법을 찾기 위해 나와 함께 10여 개 기관을 연구하고 직장인 수천 명을 면담했다. 감정과 업무 열의의 연관성에 대한 연구에서는 대단히 흥미로운 결과가 나왔다. 열의를 높이기 위해 원하는 것과 필요한 것을 묻는 질문에 출신 국가, 상사의 유형, 직종에 상관없이 유사한 답변이 나온 것이다. 직종별 혹은 국가별로 큰 차이를 보일 것이라는 기존의 생각을 뒤엎는 결과였다.

일에 대한 열의를 가지고 행복하게 일하기 위해 꼭 필요한 것으로, 거의 모든 이들이 다음 세 가지를 꼽았다.

1. **미래에 대한 의미 있는 비전.** 현재 몸담고 있는 조직에서 열의를 주는 요소와 열의를 꺾는 요소가 무엇인지 묻는 질문에 많은 이들이 **비전**을 언급했다. 사람들은 자신이 속한 조직의 미래를 알고 싶어 하고, 그 미래 안에서 자신의 모습을 그려보고자 한다. 조직행동 전문가 리처드 보이애치스와 함께 진행한 연구에 따르면, 사람들은 개인의 비전과 조직의 비전이 연결될 때 변화하고 학습한다.[6] 그러나 안타깝게도 매력적인 비전을 제시해주지 못하는 리더들이 너무나 많다. 이러한 리더들은 조직의 비전과 조직원

개인의 비전을 연결하려는 노력을 게을리하고, 조직원들과의 의사소통을 게을리한다. 그 결과 사람을 잃는다.

2. **명확한 목적의식.** 사람들은 자신의 일이 중요하며, 자신의 노력이 뭔가 매우 중요한 것을 이루는 데 기여하고 있다고 느끼고 싶어 한다. 최상위 고위직이 아닌 이상 주주 가치는 의미 있는 목적이 될 수 없으며, 일에 대한 열의도 흥미도 끌어내지 못한다. 조직원들은 자신이, 혹은 자신의 조직이 타인에게 필요한 중요한 일을 하고 있다는 사실을 알고 싶어 한다.

3. **좋은 인간관계.** 조직을 보고 들어왔다가 상사를 보고 나간다는 말이 있다.[7] 조직원들에게 상사와의 불화는 고통 그 자체다. 인간관계는 리더, 관리자, 직원할 것 없이 모두에게 중요하다. 서로에게 힘이 되고 신뢰할 수 있는 긴밀한 관계는 조직원의 심리 상태에도, 팀에 기여하려는 개인의 의지에도 큰 영향을 미친다.

뇌과학도 조직 연구도 일과 감정이 별개라는 잘못된 믿음을 뒤집고 있다. 일터에서 감정은 매우 중요한 문제이며, 행복 또한 중요하다. 일에 대한 열의를 가지기 위해서는 비전과 의미, 힘이 되는 인간관계, 그리고 목적이 필요하다.

직장에서 가치를 실현하고 좋은 인간관계를 쌓아나가는 것은 개인의 몫이다. 그러나 직원들이 성장할 수 있는 환경을 만들어주는 것은 리더의 몫이다. 방법은 간단하다. 직원들이 일에 열정을 가지게 만들고 싶다면 조직의 비전 창출에 집중하고, 직원들의 업무를 조직의 더 큰 목적에 연결하며, 다른 직원들과 긍정적인 영향을 주고받는 직원들을 보상하면 된다.

3
미소에 담긴 과학

대니얼 길버트와의 인터뷰

by 가디너 모스

대니얼 길버트 Daniel Gilbert
하버드대학교 심리학과 에드거 피어스 교수Edgar Pierce Professor로, 활발한 연구
활동과 교육활동으로 미국심리학회가 수여하는 신진학자 우수과학업적상
을 비롯하여 다수의 상을 수상하였다. 『행복에 걸려 비틀거리다』의 저자이기
도 한 그는 미국 PBS 방송국의 TV 시리즈 〈디스 이모셔널 라이프This Emotional
Life〉의 진행자 겸 공동작가로도 활동 중이다.

가디너 모스 Gardiner Morse
「하버드비즈니스리뷰」 수석 편집자다.

하버드대학교 심리학과 교수인 대니얼 길버트는 2006년 출간된 베스트셀러 『행복에 걸려 비틀거리다』의 저자로도 널리 알려져 있다. 대니얼 길버트는 자신의 저서에서 우리가 행복(혹은 불행)을 예측하며 저지르게 되는 일관된 실수에 대해 논한다. 아래 내용은 「하버드비즈니스리뷰」의 수석편집자 가디너 모스가 행복 연구의 현재를 조망하고 앞으로의 전망을 탐색하고자 대니얼 길버트와 진행한 인터뷰를 정리한 것이다.

가디너 모스 지난 20년 동안 행복 연구는 정말 인기 있는 주제가 되었습니다. 그 이유가 무엇이라고 생각하십니까?

대니얼 길버트 '행복의 본질이 뭘까?'라는 질문은 인류가 스스로에게 던져온 가장 오래된 질문 중 하나일 것입니다. 이 가장 오래된 질문에 가장 새로운 방법, 즉 과학을 활용해서 답을 찾기 시작한 것이 최근 들어서입니다. 몇 십 년 전까지만 해도 행복은 주로 철학자나 시인이 다루는 주제였죠.

감정이라는 주제는 늘 심리학자들의 관심사였습니다. 최근 20여 년 동안 감정에 대한 연구가 폭발적으로 늘어났죠. 심리학자들이 가장 집중적으로 연구한 감정은 행복이었습니다. 그러다 최근 경제학자들과 신경과학자들이 행복 연구에 뛰어들었죠. 각 분야 연구자들의 관심사는 뚜렷한 차이를 보이면서도 서로 교차하는 지점이 있어요. 심리학자들은 사람들이 무엇을 느끼는지를 궁금해하고, 경제학자들은 사람들이 무엇에 가치를 두는지를 궁금해하고, 신경과학자들은 인간의 뇌가 보상에 어떠한 방식으로 반응하는지 알고 싶어 하는 식이죠. 각기 다른 세 분야가 행복 연구에 관심을 갖게 되면서 이 주제는 본격적으로 과학의 영역에 등장하게 되었습니다. 행복에 대한 논문이 「사이언스」지에 소개되고, 행복을 주제로 연구한 학자가 노벨상을 수상했죠. 정부들은 세계 곳곳에서 국민의 행복도를 측정하고 이를 증진할 방법을 찾으려고 바삐 움직이고 있습니다.

행복같이 주관적인 경험을 어떻게 측정할 수 있나요?

주관적인 경험을 측정하는 것은 생각보다 쉽습니다. 안과에서 안경을 맞출 때 시력을 측정하는 것과 똑같죠. 의사가 검안용 렌즈를 끼운 후 잘 보이는지 우리의 '경험'을 묻고, 답변에 따라 다른 렌즈를 끼우는 식으로 시력을 측정하잖아요? 이때 의사는 안경을 맞추려는 사람의 대답을 데이터로 활용하고, 이 데이터를 과학적 분석에 활용해 시력에 딱 맞는 렌즈를 제작하게 되죠.

이 모든 것이 주관적인 경험으로 답한 내용에 근거해 이루어집니다. 주관적 경험에 대한 실시간 답변은 실제 경험에 거의 유사한 근사치로 볼 수 있으며, 이러한 답변은 연구자들이 답변자의 눈으로 세상을 볼 수 있게 해줍니다. 어제 얼마나 행복했는지 혹은 내일 얼마나 행복할 것 같은지를 묻는 질문에는 답하기 어려울 수 있으나 지금 이 순간 얼마나 행복하냐는 질문에는 답할 수 있죠. 생각해보면 우리도 하루에 몇 번씩 "어떻게 지내세요?"라는 질문을 주고받잖아요? 그 질문에 난감해하는 사람은 별로 없죠.

행복은 다양한 방법으로 측정할 수 있습니다. 우선은 "지금 얼마나 행복한가요?"라는 질문에 대해 수치로 답하게 하는 방식이 있겠죠. 물론 MRI 촬영으로 뇌혈류를 측정하거나 근전도 검사로 안면의 '미소 근육' 활동을 측정할 수도 있어요. 그러나 대부분의 상황에서 이러한 측정 방법들은 밀접하게 연관된 결과를 보여줍니다. 예산이 차고 넘치는 정부기관이 아닌 이상 단순하고 저렴한 측정 방법을 두고 복잡하고 비용이 많이

드는 방식을 선호할 이유는 없겠죠.

하지만 수치라는 것 자체가 이미 주관적이지 않나요? 선생님이 6으로 느끼는 것이 저에게는 5일 수도 있잖아요.

어느 상점에서 눈금이 정확하지 않은 싸구려 체온계를 팔았다고 가정해봅시다. 이 체온계로 체온을 재면 정상인 사람도 36.5도가 나오지 않거나, 체온이 같은 두 사람의 수치가 다르게 나올 수 있겠죠. 이렇게 정확하지 않은 수치가 나오면 멀쩡한 사람이 병원을 찾거나 치료가 필요한 사람이 병원에 가지 못하는 경우가 생길 수도 있습니다. 그런데 이렇게 잘못된 체온계가 문제가 되는 경우도 있을 수 있지만, 모든 경우에 그런 것은 아닙니다. 예를 들어보죠. 연구실에 100명의 참가자를 데려와서 그중 절반을 독감 바이러스에 노출시켰다고 가정해봅시다. 일주일 후 이 싸구려 체온계들을 사용해서 참가자 100명의 체온을 측정하면 바이러스에 노출된

50명의 평균 체온이 그렇지 않은 50명의 평균 체온보다 분명 높을 것입니다. 체온계에 따라 개별 수치야 들쭉날쭉하겠지만, 표본 자체의 규모가 충분히 확보된다면 오차가 상쇄되겠죠. 결론적으로 눈금이 아주 정확하지 않아도 어떤 기준으로 나눈 대규모 집단을 비교하는 것은 가능하다는 얘기입니다.

행복 측정 점수는 앞서 말한 체온계의 눈금과 같습니다. 정교함이 부족해 어떤 경우(예를 들어, 2010년 7월 3일 오전 10시 42분, 존이 정확히 얼마나 행복했는가)에는 부적합할 수도 있지만, 심리과학자들이 진행하는 대부분의 실험에는 적합하다는 의미죠.

연구자들은 행복 연구에서 주로 어떠한 것들을 발견했나요?

기존에 막연히 '그렇지 않을까?'라고 추정했던 것들을 확인시켜준 연구가 많았습니다. 예를 들면 '연애를 잘하는 사람이 그렇지 않은 사람보다 행복하다', '건강한 사람이 아픈 사람보다 행복하다', '교회에 다니는 사람이 그렇지 않은 사람보다 행복하다', '부유한 사람이 가난한 사람보다 행복하다' 같은 것들이죠.

하지만 의외의 결과도 있었습니다. 방금 나열한 모든 요소들이 행복감을 높여주는 것은 사실이지만, 생각보다 그 영향력이 크지는 않다는 점이었죠. 새 집이나 새로운 배우자는 분명 사람들의 행복감을 높여주지만, 그 행복은 기대보다 크지 않고 생각보다 오래가지도 않습니다. 밝혀진 바에 따르면, 우리는 무엇이 우리를 행복하게 하는지, 그 행복이 얼마나 갈지 예측하는 능력이 부족합니다. 그래서 좋은 일이 실제보다 더 큰 행복을 가져올 거라 기대하고, 나쁜 일이 실제보다 더 큰 불행을 가져올 거라 두려워하죠. 선거에서의 승패, 연인과의 만남과 이별, 승진 여부나 시험합격 여부가 행복에 미치는 실제 영향이 생각보다 적다는 점이 현장 연구와 실험실 연구 모두에서 드러났습니다. 최근의 한 연구는 특정 사건이 우리에게 영향을 주는 기간은 대체로 3개월을 넘기지 못한다는 것을 밝혀냈죠. 좋은 일이 생기면 한동안 좋아하다 곧 일상으로 돌아가고, 안 좋은 일이 생기면 한동안 슬퍼하다 털고 일어나 다시 삶을 살아간다고 합니다.

인생의 사건들이 행복에 미치는 영향이 그렇게 적은 이유는 무엇일까요?

한 가지 이유는 사람들이 행복을 '합성'해내는 것에, 다시 말해 절망 속에서 희망을 찾는 데 능하기 때문입니다. 그 결과 우리는 어떤 비극이나 정신적 충격을 겪은 후에도 대개 걱정했던 것보다는 행복하게 지냅니다. 아무 신문이나 집어들고 읽어봐도 수많은 예를 찾아볼 수 있습니다. 저서 판매 관련 비리 혐의로 불명예스럽게 미국 하원의장직에서 물러나야 했던 짐 라이트 의원을 기억하시죠? 라이트 의원은 사임 몇 년 후 「뉴욕 타임스」와의 인터뷰에서 "신체적·재정적·감정적·정신적 측면을 포함해 모든 면에서 전보다 훨씬 잘 지내고 있다"고 말한 바 있습니다. 억울한 누명을 쓰고 루이

지애나 주 교도소에서 37년을 복역한 모리스 빅햄이라는 남성은 출소 후 "감옥에서 보낸 시간이 단 1분도 아깝지 않습니다. 그것은 의미 있는 경험이었습니다"라고 말했습니다. 마치 자신에게 일어날 수 있는 최고의 일이 일어난 것처럼요. 비틀스가 유명세를 타기 직전인 1962년 링고 스타로 교체된 원년 멤버 드러머 피트 베스트도 있습니다. 지금은 세션 드러머로 일하고 있죠. 20세기 최고 유명 밴드에서 활동할 기회를 놓친 것에 대해 베스트가 뭐라고 했는지 아세요? 그는 "비틀스 멤버로 누릴 수 있었던 행복보다 지금의 행복이 더 큰 것 같다"고 말했습니다.

신뢰할 만한 행복 연구의 결과들을 살펴보다 보면 난관에 부딪힐 때마다 상담실로 달려갈 필요가 없다는 것을 깨닫게 됩니다. 인간은 대부분 자신이 처한 상황에서 최선의 면을 보는 데 탁월한 능력을 가지고 있기 때문이죠. 우리의 정신적 회복력은 대부분 생각보다 훨씬 강합니다.

우선 용어 선택에 주의가 필요할 것 같네요. 나일론은 천연물질은 아니지만 '진짜'죠. 이와 마찬가지로 합성 행복도 당사자가 만들어냈다는 점만 다를 뿐 충분히 진짜 감정입니다. 합성 행복은 우리가 원하는 것을 얻지 못했을 때 자체적으로 생산해내는 행복이고, 자연적 행복은 원하는 것을 얻었을 때 경험하는 행복이죠. 두 행복의 생성 경로는 다르지만, 그렇다고 그 느낌이 다른 것은 아닙니다. 한쪽이 다른 쪽보다 더 낫거나 못할 것도 없고요.

물론 이런 시각에 동의하지 않는 이들도 많습니다. 합성 행복이 자연 행복만큼 '좋지' 않으며, 합성 행복은 진짜 행복을 얻지 못한 사람들이 만들어내는 자기합리화의 산물이라고 생각하죠. 그러나 이러한 생각을 뒷받침하는 증거는 없습니다. 시력을 잃거나 재산을 모두 잃더라도 여전히 그후의 인생에서 새로운 것들을 발견할 수 있습니다. 그 새로운 것들 중 생각보다 괜찮은 것도 많을 것이고, 어떤 면에서는 이전 삶보다 나아지는 부분도 있을 것입니다. 스스로를 속이거나 자기합리화를 하는 게 아닙니다. 이전에는 미처 몰랐던 것들, 알 수 없었던 것들을 발견하는 것일 뿐이죠. 새로운 삶을 더 낫게 만들어줄 것들을 찾아내면서 결국 그것을 통해 행복을 얻게 됩니다. 과학자로서 참 놀라운 것은 우리가 이러한 일을 얼마나 잘 해내는지 대부분의 사람들이 잘 모른다는 것입니다. 물론 "내가 어느 날 빈털터리가 되거나 갑자기 아내가 나를 떠나도 곧 다시 지금처럼 행복해질 방법을 찾게 될 거야"라고 말하는 사람은 없죠. 그렇지만 그런 일이 실제로 닥치면 우리는 또 행복해질 방법을 찾습니다.

그런데 행복이 늘 좋은 것인가요? 베토벤이나 반 고흐, 헤밍웨이 같은 예술가들은 불행했지만 뛰어난 작품들을 창조해냈죠. 어느 정도의 불행은 창조와 성과 창출의 원동력이 되어주는 것 아닐까요?

말도 안 돼요! 물론 역사적으로 비운의 예술가가 꽤 존재했지만, 그렇다고 불행이 창의력을 강화한다는 일반화는 곤란합니다. 하루에 담배를 두 갑씩 피우면서 아흔까지 사는 사람도 있겠지만 담배가 건강에 좋다는 말은 아니잖아요. 물론 어떤 경우에는 상황에 맞는 예시 몇 개를 근거로 뭔가를 주장할 수도 있겠죠. 하지만 과학에서는 그래서는 곤란합니다. 모든 사례를 검토하거나, 그게 불가능하다면 적어도 상당수의 표본을 살펴본 후 행복한 예술가와 불행한 예술가, 행복한 비예술가와 불행한 비예술가의 비율을 확인해야 합니다. 만약 불행이 창의력을 강화한다면 행복한 사람들보다 불행한 사람들 사이에서 창의적인 사람의 비율이 더 높겠죠. 하지만 실제로는 그렇지 않습니다. 전반적으로 행복한 사람들이 더 창의적이고 생산적이죠. 물론 불운이 창의력의 영감이 되는 경우도 있습니다. 하지만 이것은 어떠한 규칙이라기보다는 예외에 가깝습니다.

많은 관리자들이 현실에 만족하는 직원들은 최고의 생

산성을 내지 못한다고 생각합니다. 그래서 약간의 불편함을 준다거나 일자리에 대한 불안감을 조성하는 등의 방법을 쓰기도 하는데요. 어떻게 생각하십니까?

직관보다 데이터에 의존하는 관리자는 그런 말을 하지 않습니다. 나는 불안감을 느끼는 직원이 더 높은 창의력이나 생산성을 보인다는 데이터를 한 번도 본 적이 없습니다. 만족이라는 것이 그저 가만히 앉아서 벽이나 바라보고 있는 것과는 다르다는 점을 기억할 필요가 있습니다. 그건 지겨울 때나 하는 행동이죠. 우리는 대부분 지겨운 것을 싫어합니다. 사람들은 적절한 크기의 도전에 노출되었을 때, 해볼 만한 목표를 달성하기 위해 노력할 때 가장 행복해합니다. 도전과 위협은 다르죠. 도전은 우리의 능력을 꽃피우게 하지만, 위협은 우리를 위축되게 합니다. 물론 위협으로도 결과를 얻을 수는 있죠. 어떤 직원에게 "이거 금요일까지 제출하지 않으면 해고해버릴 거야!"라고 위협한다면, 일 자체는 금요일까지 처리될 것입니다. 하지만 그때부터 그 직원은 당신을 어떻게든 깎아내리려 할 겁니다. 또 조직에 대한 충성심을 잃고 자기가 해야 할 일 이상은 절대 하지 않으려고 하겠죠. 그러므로 위협보다는 이렇게 말하는 것이 훨씬 더 효과적입니다.

"이 일을 금요일까지 해야 하는데 다른 직원들에게는 무리일 것 같네. 자네라면 충분히 해낼 수 있을 것 같은데 도와주겠나? 우리 팀을 위해서 정말 중요한 일이라네."

심리학자들이 한 세기에 이르도록 보상과 처벌의 효과에 대해 연구하며 내린 결론은 분명합니다. 보상이 훨씬 효과적이라는 것이죠.

도전이 인간을 행복하게 만든다는 말씀을 하셨는데요. 그 외에 또 어떤 것들이 행복을 유발할까요?

행복의 유발 요인을 연구한 모든 과학문헌을 한 단어로 요약하면 아마 '관계'라는 단어가 될 것입니다. 인간은 지구상의 그 어떤 동물보다 사회적인 동물입니다. 개미는 댈 것도 아니죠. 누군가 내게 자신의 행복도를 맞혀

보라며 힌트를 한 가지만 주겠다고 하면, 나는 그 사람의 성별도 종교도 건강상태도 소득도 아닌 사회적 관계에 대해 묻겠습니다. 가족이나 친구들과 어느 정도의 유대감을 느끼고 있는지 말입니다.

풍요로운 사회적 관계 외에 매일의 일상에서 우리를 행복하게 하는 요소는 무엇이 있을까요?

심리학자 에드 디너의 연구 결과 중에 내가 제일 좋아하는 게 있어요. 바로 행복을 예측하는 데 있어서 긍정적 경험의 **강도**보다 **빈도**가 훨씬 더 나은 기준이 된다는 것이죠. 우리는 어떻게 하면 행복해질까 생각할 때 아주 강렬한 사건을 상상하는 경향이 있어요. 영화배우와 데이트를 한다거나 퓰리처상을 수상한다거나 요트를 구입하는 것 따위죠. 그러나 디너 교수의 연구팀에 따르면, 긍정적 경험이 '얼마나 강렬했는지'보다 그러한 경험을 '얼마나 자주 했는지'가 훨씬 중요합니다. 매일 소소한 좋은 일을 10여 번 경험한 사람이 정말 깜짝 놀랄 만큼 특별한 일을 한 번 경험한 사람보다 행복할 확률이 높은 거죠. 그러니 행복해지고 싶다면 편안한 신발을 신고, 아내에게 강렬한 입맞춤을 하고, 가끔은 몰래 감자튀김을 즐겨보세요. 정말 작은 일이지만, 이런 사소한 것들이 중요하니까요.

앞으로 닥칠 일에 대한 감정상태 예측이 어려운 이유도 여기에 있습니다. 우리는 한두 개의 큰 사건이 우리의 감정에 커다란 영향을 줄 거라 상상하곤 하죠. 하지만 행복이라는 것은 작은 사건 수백 개의 총합으로 이루어지는 것에 가깝습니다. 행복을 얻기 위한 노력은 살을 빼기 위한 노력과 비슷합니다. 사람들은 다이어트를 할 때 단번에 효과를 낼 마법의 알약을 바라죠. 하지만 그런 것은 없습니다. 사실 살을 빼려면 어떻게 해야 하는지는 다들 알고 있죠. 적게 먹고 운동을 더 해야 합니다. 먹는 양을 **확** 줄이거나 운동량을 **확** 늘릴 필요는 없습니다. 조금씩 꾸준히 하는 것이 중요하죠. 시간이 지나면 결과는 축적되어갑니다. 행복도 마찬가지예요. 우리를 행복하게 하는 것들은 뻔하고 사소하며, 많은 시간을 필요로 하는 일도 아닙니다. 하지만 결실을 맺기 위해서는 꾸준히 노력하면서 결과를 기다려야 해요.

적게 먹고 운동하라는 말만큼이나 뻔한 일들이에요. 핵심은 명상이나 운동, 숙면 같은 단순한 행동을 실천하며 남을 돕는 이타적인 행동을 하는 것입니다. 사실 봉사는 우리가 할 수 있는 가장 이기적인 행동 중 하나입니다. 노숙인 쉼터에서 자원봉사를 해보세요. 여러분이 하는 봉사가 노숙인들에게는 도움이 될 수도 있고 아닐 수도 있지만, 어쨌든 자신에게는 도움이 될 게 확실합니다. 사회적 관계를 잘 돌보는 것도 중요합니다. 일주일에 두 번씩 감사할 만한 일을 세 가지씩 적고 누군가에게 그 이유를 말해보세요. 할머니에게 듣던 잔소리 같다고요? 할머니들이 현명하셨던 거죠. 행복의 비밀은 체중감량의 비밀과 같습니다. 비밀이 없다는 게 비밀이죠.

질문거리는 끝이 없어요. 심리학자들과 경제학자들은 수십 년 동안 '누가 행복한가? 부자? 가난한 사람? 젊은 사람? 노인?' 식의 질문을 던져왔죠. 지금까지는 사람들을 몇 개의 집단으로 나눠서 한두 차례 설문조사를 하고, 그 결과를 토대로 한 집단이 다른 집단들에 비해 평균적으로 행복한지 알아보는 정도가 최선이었어요. 연구에 사용할 수 있는 도구가 무뎠죠. 하지만 이제는 수백만 사람들이 주머니 속에 스마트폰이라는 작은 컴퓨터를 지니고 다니는 세상이 되었어요. 엄청난 수의 사람들이 매 순간 무엇을 하고 어떤 감정을 느끼는지 실시간 데이터를 수집할 수 있게 된 거죠. 예전에는 결코 할 수 없었던 일입니다.

나와 함께 연구를 하는 매튜 킬링스워스는 '트랙 유어 해피니스Track Your Happiness'라는 경험 샘플링 앱을 만들었습니다. 매튜는 이 아이폰 앱으로 1만 5,000여 사용자에게 하루에 몇 번씩 어떤 활동을 하고 있는지, 감정상태가 어떤지를 묻습니다. 질문을 받은 바로 그 순간 집에 있는지, 버스에 있는지, 텔레비전을 보고 있는지, 기도를 하고 있는지, 어떤 감정을 느끼고 무슨 생각을 하고 있는지 묻는 것입니다. 매튜는 이 기술을 활용해 다른 연구자들이 수십 년간 던져왔던 것보다 훨씬 더 나은 질문을 던지고 있습니다. **누가** 행복한지 묻는 데 그치는 게 아니라 그들이 **언제** 행복한지 묻는 거죠. 단순히 "언제 행복하세요?"라고 묻는 것으로는 답을 얻을 수 없습니다. 사람들도 잘 모르거든요. 매튜는 사람들이 언제 행복한지에 대한 답을 얻기 위해 사용자들의 답변을 며칠, 몇 달, 몇 년씩 추적하며 그들이 어떤 활동을 하는지, 그 활동을 할 때 얼마나 행복한지 측정하죠. 나는 이러한 기술이 곧 인간의 일상적 감정이나 건강에 대한 이해를 혁명적으로 바꿔놓게 되리라 생각합니다(54쪽 '행복 연구의 미래' 참고).

행복 연구는 앞으로 어떤 방향으로 발전해가야 할까요?

측정하는 내용 자체를 더욱 구체적인 방향으로 설정할 필요가 있습니다. 행복을 연구한다는 과학자들이 많지만 막상 측정하는 내용을 보면 우울증이나 삶에 대한 만족도 연구에 가까운 경우가 많거든요. 물론 행복과 연관된 주제이기는 하지만 행복 자체와는 엄연히 차이가 있죠. 연구에 따르면 자녀가 있는 사람들은 그렇지 않은 사람들에 비해 일반적으로 매 순간 느끼는 행복감이 덜하다고 합니다. 하지만 자녀가 있는 이들은 자녀가 없는 이들이 느끼지 못하는 다른 만족감을 느끼죠. 그러므로 자녀가 있는 이들이, 혹은 없는 이들이 더 행복하다고 단정적으로 말하는 것은 옳지 않습니다. 각각의 집단이 어떤 면에서는 더 행복하고 어떤 면에서는 덜 행복한 것일 뿐이니까요. 이제는 행복이라는 그림을 더 정교한 붓으로 그려내야 합니다.

이 모든 연구들이 궁극적으로 인간을 더 행복하게 만들어줄까요?

우리는 행복을 극대화하는 법을 배우고 있고, 앞으로도 배워나갈 것입니다. 그러니 답은 '그렇다'입니다. 행복 연구는 행복의 증진에 도움이 되어왔고, 앞으로도 그러할 것입니다. 하지만 여전히 중요한 질문은 남아 있습니다. 바로 '어떤 행복을 *원해야 하는가?*'라는 질문입니다. 순간의 평균적인 행복을 극대화해야 할까요? 아니면 행복한 순간들의 총합을 극대화해야 할까요? 이 둘은 분명 다릅니다. 고통과 아픔이 전혀 없는 삶을 원해야 할까요? 아니면 이러한 경험에도 가치가 있다고 생각해야 할까요? 과학은 머지않아 우리에게 원하는 삶을 살 수 있는 방법을 알려줄 것입니다. 하지만 어떤 삶을 원해야 할지는 알려줄 수 없죠. 그 선택은 오롯이 우리의 몫일 것입니다.

행복 연구의 미래

매튜 킬링스워스[*]

사람들은 인간을 행복하게 하는 요소를 쉽게 파악할 수 있다고 생각한다. 그러나 최근까지도 연구자들이 할 수 있는 것이라곤 사람들에게 장기간에 걸쳐 평균적인 감정상태를 묻고 그 답변을 토대로 연구를 진행해 인구별 요소같이 쉽게 예측 가능한 분류로 나누는 것 정도가 전부였다. 그 결과 우리는 평균적으로 결혼을 한 사람이 혹은 부유한 사람이, 결혼을 하지 않은 이들이나 부유하지 않은 이들보다 행복하다는 것을 알게 되었다. 그런데 기혼자나 부자를 더 행복하게 하는 구체적인 요소는 무엇일까?

---

[*] 하버드대학교 심리학과 박사과정에 있으며, '트랙 유어 해피니스www.trackyourhappiness.com'를 개발했다.

감정의 평균적인 상태에만 초점을 맞추다 보면 순간순간 일어나는 감정의 변화를 놓치게 되고, 변화의 요인 또한 이해하기 어려워진다. 한 사람의 하루를 이루는 순간순간의 작은 사건들은 행복에 어떤 영향을 미치는 걸까?

이제는 스마트폰 덕분에 이러한 질문에 대한 답을 찾는 연구를 시작할 수 있게 되었다. 내가 진행하는 상시 연구 프로젝트인 '트랙 유어 해피니스'에 참가하는 83개국 1만 5,000명의 참가자들은 휴대폰을 통해 실시간 감정상태를 전송한다. 아이폰 앱을 통해 무작위 간격으로 질문을 보내면 참가자들은 현재 기분이 어떤지('매우 나쁨'에서 '매우 좋음'까지 슬라이드 바를 조작하여 표시), 무슨 일을 하고 있었는지(출퇴근, 근무, 운동, 식사 등 22가지 항목에서 선택)에 대한 답변을 보내주고, 그 외 생산성이나 현재 처해 있는 환경, 수면의 양과 질, 사회적 교류 등 추가적인 정보를 알려준다. 연구팀은 2009년부터 지금까지 약 50만 건의 데이터를 수집했는데, 내가 알기로 이는 일상의 행복에 대한 최초의 대규모 연구다.

주요한 발견 중 하나는 사람들이 활동시간의 절반가량을 딴생각으로 보낸다는 점과, 이러한 딴생각이 기분을 저하시킨다는 점이었다. 부정적인 딴생각은 물론이고 중립적인 주제에 대해 생각할 때도 행복도는 급격한 하락을 보였다. 긍정적인 주제의 딴생각을 할 때는 행복도가 상승하지도 하락하지도 않았다. 딴생각의 비율은 활동의 종류에 따라 크게 달라졌는데, 출퇴근 중에는 60퍼센트, 대화 중이나 게임 중에는 30퍼센트, 섹스 중에는 10퍼센트 정도로 나타났다. 활동의 종류와 상관없이 딴생각을 하면 집중 상태일 때보다 행복도가 떨어졌다.

이러한 연구 결과는 감정 건강을 최적화하기 위해서는 신체활동뿐 아니라 정신활동에도 주의를 기울여야 한다는 것을 보여준다. 그러나 하루 일과를 계획하며 정신적인 활동을 고려하는 사람은 드물다. 토요일

아침에 일어나 '오늘은 뭘 할까?'라는 생각을 할 때 우리가 주로 떠올리는 것은 해변에 가기, 아이들 축구 연습에 가기, 조깅하기 등 신체활동에 대한 것이다. 그러나 여기서 더 나아가 '오늘 내 마음을 어떻게 쓸 것인지' 또한 고려해야 한다.

많은 연구가 딴생각과 생산성의 연관성을 보여준다. 창의적인 지식노동을 하는 직원들에게는 공상에 빠질 시간을 어느 정도 주는 게 좋다고 생각하는 관리자도 많을 것이다. 물론 공상이 직원들에게 정신적인 휴식을 주고 업무 관련 사항을 돌아볼 여유를 줄 수도 있다. 그러나 애석하게도 지금까지의 데이터를 바탕으로 분석해보면 딴생각은 행복도뿐 아니라 업무 생산성 또한 떨어뜨린다. 직원들은 관리자가 상상하는 것보다 훨씬 자주 ― 근무시간의 약 절반 정도 ― 딴생각을 하고, 그 주제는 거의 늘 개인적인 문제다. 관리자들은 직원과 조직 모두를 위해서 직원들의 집중을 도울 방법을 찾아야 한다.

내가 수집한 데이터들은 한 개인이 매 순간 느끼는 행복 사이의 차이와 서로 다른 개인이 각각 느끼는 행복의 차이 또한 보여주고 있다. 놀라운 것은 행복의 사람별 차이보다 순간별 차이가 크다는 사실이다. 이는 사는 곳, 결혼 여부 등 지속적인 요소가 행복의 주된 요인이 아니라는 점을 보여준다. 그보다는 오히려 우리가 일상적으로 하는 작은 일들이 더 중요하다.

이는 직장에서의 행복 또한 높은 연봉이나 직위 같은 지속적 요소보다 동료들과의 일상적인 교류, 현재 참여 중인 프로젝트 등 순간순간의 경험에 더 크게 좌우된다는 것을 보여준다. 현재, 그리고 앞으로의 주된 관심사는 트랙 유어 해피니스의 감정 트래킹 기술을 직장에 적용해보는 것이다. 이러한 연구를 통해 실제 직원들을 행복하게 하는 것이 무엇인지 밝혀볼 수 있기를 기대한다.

집중할 때 행복한 마음이 생긴다

참가지들은 트랙 유어 해피니스 앱을 통해 질문을 받은 즉시, 22가지로 분류한 활동 중 지금 어떤 활동을 하고 있는지, 그 활동을 하는 동안 기분이 어땠는지, 딴생각을 어느 정도 했는지에 대해 답했다. 아래 그래프의 원은 참가자들의 활동과 생각을 나타낸다. 원이 오른쪽에 위치할수록 참가자들의 평균적인 행복도가 높은 것이며, 원의 크기는 해당 활동이나 생각의 빈도를 나타낸다.

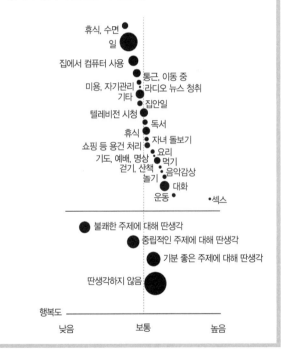

4
작은 승리의 힘

업무를 진전시키는 내공은
어떻게 쌓이는가

by 테레사 M. 에머빌, 스티븐 J. 크레이머

테레사 M. 에머빌 Teresa M. Amabile
하버드대 경영대학원의 에드셀 브라이언트 포드 교수Edsel Bryant Ford Professor이
자 『창조의 조건』의 저자다.

스티븐 J. 크레이머 Steven J. Kramer
독립 연구자이자 작가, 컨설턴트로 활동하고 있다. 『중압감과 창의력Creativity Under the Gun』과 「내적 근로 생활Inner Work Life」을 공동집필한 바 있다.

에머빌과 크레이머는 『전진의 법칙』을 함께 집필하기도 했다.

조직 내에서 혁신적 업무를 성공적으로 추진하기 위한 가장 좋은 방법은 무엇일까? 이 질문에 대한 중요한 힌트는 세계적으로 유명한 혁신가들의 이야기에서 찾을 수 있다. 매일 창의적 생산력을 발휘해야 하는 과학자, 마케터, 프로그래머 등의 지식노동자들과 유명한 혁신가들 사이에는 대부분의 관리자들이 생각하는 것보다 더 많은 공통점이 있다. 바로 이들의 감정과 동기, 인식에 영향을 주는 업무 관련 사건이 근본적으로 유사하다는 점이다.

1968년, 제임스 왓슨은 DNA 구조 발견 과정을 기록한

『이중 나선The Double Helix』이라는 회고록을 펴냈다. 이 책에는 왓슨과 프란시스 크릭이 추후 그들에게 노벨상을 안겨준 DNA 구조 연구를 진행하던 당시 전진과 후퇴를 오가며 경험한 감정적 기복이 고스란히 기록되어 있다. 왓슨과 크릭은 DNA 모델을 처음 만들었던 순간의 흥분이 채 가시기도 전에 이 모델에 심각한 결함이 있음을 깨달았다. 왓슨은 당시를 회상하며 "그 DNA 모델과의 첫 조우는… 썩 유쾌하지 않았다"라고 썼다. 곧바로 또 다른 아이디어가 떠오른 왓슨은 "그러다 그날 저녁 또 다른 모형이 떠오르며 다시 기분이 좋아졌다"고 쓰기도 했다. 하지만 기분이 좋은 것도 잠시, 다른 연구원들에게 이 '회심작'을 보여주기 무섭게 또 다른 결함이 발견되었다. 의기소침과 의심의 나날이 이어졌다. 왓슨과 크릭이 마침내 DNA 모델 구축을 위한 진짜 돌파구를 찾아내고, 동료들이 아무런 결함을 발견하지 못했을 때 왓슨은 이렇게 썼다. "자신감이 넘쳤다. 이제야 수수께끼의 답을 찾아낸 것 같았다." 이 성공은 왓슨과 크릭의 의욕에 불을 지폈고, 두 사람은 연구를 완성하기 위해 거의 실험실에 틀어박혀

살다시피 했다.

이 일련의 에피소드를 살펴보면 왓슨과 크릭의 반응을 지배한 것은 연구의 진전과 후퇴임을 알 수 있다. 그런데 최근 우리가 진행한 창의력을 요하는 기업 내 업무에 대한 연구에서도 놀랄 만큼 유사한 현상이 발견되었다. 우리가 직장 내 지식노동자들이 작성한 일기 형식의 설문지를 분석하며 발견한 것은 바로 '전진의 법칙progress principle'이었다. 전진의 법칙은 지식노동자들이 근무시간 동안 경험하는 다양한 사건들 중 이들에게 가장 긍정적인 영향을 미치는 것은 의미 있는 업무에서의 진전이라는 법칙이다. 또한 직원들이 이러한 전진을 자주 경험할수록 장기적인 측면에서 창의적 생산성이 높아질 가능성이 있다는 결과도 도출되었다. 왓슨과 크릭처럼 과학의 중대한 미스터리를 푸는 업무에서든 일반 직장인들처럼 좋은 상품과 서비스를 개발하는 업무에서든, 매일의 작은 성공이 주는 진전은 감정과 성과에서 큰 차이를 만들어낸다.

전진의 힘은 인간에게 큰 영향력을 발휘하지만, 안타깝게도 이를 제대로 이해하고 동기부여에 활용하는 관리자는 많지 않다. 사실, 업무 동기부여라는 주제는 꽤 오랫동안 논의의 대상이 되어왔다. 직원들에게 동기를 부여하는 핵심 요소를 묻는 한 설문에서 관리자들이 가장 많이 꼽은 항목은 '잘한 일에 대한 칭찬'이었다. '구체적인 보상'과 '대인 협력 제공', '명확한 목표 설정'을 꼽은 이들도 많았다. 흥미롭게도 '업무 진전을 위한 도움'을 첫째로 꼽은 관리자는 매우 드물었다. (아래 글 참고.)

관리자들이 몰랐던 사실

1968년 「하버드비즈니스리뷰」에 소개된 프레더릭 허츠버그의 글 「한 번 더 도전하는 힘: 어떻게 동기를 부여할 것인가One More Time: How Do you Motivate Employees?」는 이제 동기부여 분야의 고전으로 자리 잡았다. 우리의 연구 결과 또한 허츠버그의 메시지와 일치했다. 즉, 사람들은 업무에서 성취를 경험할 때 일에 대해 가장 큰 만족감과 동기를 느낀다는 사실을 확인할 수 있었다. 이번 연구에서 우리는 참가자들이 업무 중 일어난 일들을 매일 기록한 수천 일 분량의 일기 자료를 통해 성취감의 기저를 이루는 메커니즘을 밝혀낼 수 있었다. 이들에게 성취감을 주는 것은 바로 일관되고 의미 있는 업무상의 진전이었다.

그런데 업무 진전의 중요성에 대한 관리자들의 인식을 알아보기 위해 전 세계 10여 개 기업의 다양한 직급에 속한 관리자 669명을 대상으로 최근 진행한 조사에 따르면, 관리자들은 아무래도 허츠버그의 조언에 귀를 기울이지 않는 것 같다. 이 조사에서 우리는 관리자들에게 직원들의 동기와 감정에 영향을 줄 수 있는 가장 효과적인 관리도구가 무엇인지 물었다. 우리는 응답자들에게 '업무 진전을 위한 도움', '잘한 일에 대한 칭찬', '구체적인 보상', '대인 협력 제공', '명확한 목표 설정'이라는 다섯 가지 보기를 주고 이를 중요도에 따라 나열하도록 했다.

설문에 참여한 관리자 중 95퍼센트는 가장 효과적인

동기부여 도구가 '업무 진전을 위한 도움'이라는 사실에 깜짝 놀랄 것이다. 이 95퍼센트는 '진전'을 1순위로 꼽지 않은 응답자 비율이다. 실제로 응답자 중 업무 진전을 위한 도움이 가장 효과적이라고 답한 이는 단 35명으로 5퍼센트에 그쳤다. 대다수가 '진전'을 동기부여에 대한 효과로는 꼴찌로 꼽았고, 감정에 영향을 주는 요소로는 3위로 꼽았다. 관리자들이 가장 효과적인 동기부여 도구로 꼽은 것은 '잘한 일에 대한 칭찬(사적, 공적)'이었다. 우리가 진행한 일기 연구에 따르면, 관리자의 인정 또한 분명 조직원의 내적 근로 생활을 향상시키지만 업무상의 진전만큼 큰 영향을 주지는 않았다. 게다가 업무상의 성과가 없다면 칭찬이나 인정을 받을 일도 별로 없을 수밖에 없다.

전진의 법칙은 관리자들이 직원들에게 동기를 부여할 때 집중해야 하는 부분을 명확히 보여준다. 관리자는 조직원의 건강, 동기, 창의적 결과물에 생각보다 훨씬 큰 영향을 미친다. 조직원과 이들의 업무에 긍정적 영향을 주기 위해서는 전진을 돕는 촉매제와 영양소가 무엇인지, 전진을 방해하는 요소가 무엇인지 파악하는 것이 중요하다.

이 글의 목적은 전진의 힘에 대한 연구 결과를 나누고 관리자들을 위한 활용방안을 소개하는 것이다. 우리는 관리자들이 전진의 법칙을 구체적인 관리 업무에 적용할 수 있는 방법과 함께 이를 습관으로 고착시키기 위한 체크리스트를 소개할 예정이다. 그러나 관리자들의 실천이 중요한 이유를 알기 위해 우선 우리가 진행한 연구 내용과 더불어 지식노동자들의 일기가 이들의 '내적 근로 생활inner work lives'에 대해 알려준 사항들을 함께 살펴보자.

내적 근로 생활과 성과

우리는 조직 내에서 복잡한 업무를 담당하

는 이들의 심리적 경험과 성과에 대해 근 15년 동안 연구를 해왔다. 연구 초기부터 우리는 창의적이고 생산적인 성과의 핵심 동인으로서 조직원들의 내적 근로 생활에 집중했다. 내적 근로 생활은 조직원이 하루 동안 일을 하며 느끼는 감정, 동기, 인식의 복합체다. 한 사람의 감정적인 행복, 업무 자체에 대한 동기, 조직과 경영진, 소속 부서와 자기 자신에 대한 인식이 업무 성과를 개선하거나 저해할 수 있다.

우리는 창의적 업무를 담당하는 직원들이 하루 동안 경험하는 내면적 변화를 더 잘 이해하기 위해 창의력을 요하는 프로젝트팀에 소속된 직원들을 대상으로 매일 설문 형식의 일기를 제출받았다. 직원들은 매일 업무 종료 후 우리가 보내는 이메일에 개별적으로 회신했고, 프로젝트 기간은 평균 4개월가량이었다. (일기 연구에 대해 더 알고 싶다면 2007년 5월 「하버드비즈니스리뷰」에 소개된 「내적 근로 생활: 업무 성과의 숨은 의미 읽기Inner Work Life: Understanding the Subtext of Business Performance」를 참고하기 바란다.) 프로젝트 과제는 주방도구 발명, 청소용품 생산

라인 관리, 대형 호텔 체인의 복잡한 IT 관련 문제 해결 등 창의력이 필요한 것들이었다. 일기를 통해서는 응답자의 감정과 기분, 업무 동기 정도, 근무환경에 대한 인식, 그날 한 일, 그날 벌어진 사건들 중 특히 기억에 남는 일 등을 물었다.

27개 기업 26개 프로젝트팀에서 근무하는 238명의 참가자들이 연구기간 동안 제출한 일기는 거의 1만 2,000건에 달했다. 우리의 목표는 창의적 업무 성과가 최고조에 달한 날 참가자에게 어떠한 근무 중 사건이 있었고, 내적 근로 생활 상태는 어떠했는지 확인하는 것이었다.

결과는 압박과 두려움이 성취의 원동력이 된다는 기존 주장을 정면으로 뒤집었다. 연구 결과 적어도 지식노동의 영역에서는 내적 근로 생활이 긍정적일 때, 즉 감정적으로 행복하고 업무에 대한 동기가 강하고 동료와 조직에 대한 인식이 긍정적일 때 생산성과 창의력이 상승하는 것으로 드러났다. 이들뿐만 아니라 사람들은 내적 근로 생활이 긍정적일수록 업무에 더 큰 열의를 보이고 동료들에게도 더욱 협조적인 태도를 보인다고 한다. 내적 근로 생활의 상태는 매일매일 달라진다. 가끔은 그 진폭이 크기도 하다. 내적 근로 생활의 상태에 따라 업무의 성과 또한 달라진다. 내적 근로 생활은 오늘의 업무를 넘어 **내일**의 업무에까지 영향을 미칠 수 있다.

일기를 통해 '내적 근로 생활 효과inner work-life effect'를 확인한 우리는 이를 활용할 만한 관리 행동 연구에 들어갔다. 관리자의 행동이 내적 근로 생활에 활기를 줄 수 있는지, 줄 수 있다면 그 방법이 무엇인지 알아보기 위해서였다. 직원들의 감정과 동기, 인식에 긍정적 영향을 주는 사건은 무엇이고, 부정적 영향을 주는 사건은 무엇일까? 이에 대한 답 또한 응답자들이 제출한 일기에 담겨 있었다. 우리는 일기를 꼼꼼히 살펴본 결과 내적 근로 생활을 강화하거나 약화시키는 공통의 촉발 요소들을 발견할 수 있었다. 약간의 개인차는 있었지만, 이러한 촉발 요소는 거의 모든 응답자에게서 비슷하게 나타났다.

전진의 힘

내적 근로 생활의 촉발 요소를 찾고자 하는 우리의 노력은 전진의 법칙의 발견으로 이어졌다. 연구 참가자들이 최고로 꼽은 날들과 최악으로 꼽은 날들을 비교한 결과 '최고의 날'에 공통적으로 가장 많이 일어난 사건은 바로 개인 혹은 팀이 만들어낸 업무상의 진전인 것으로 드러났다(응답자들은 전반적인 기분 상태, 구체적인 감정, 업무에 대한 동기 등을 바탕으로 최악의 날과 최고의 날을 판단했다). 반면 '최악의 날'을 유발한 공통적인 사건은 업무상의 후퇴 혹은 차질이었다.

내적 근로 생활의 한 요소인 응답자의 기분과 업무상 진전 사이의 상관관계를 살펴보자. 응답자들이 '기분이 가장 좋았던 날'로 꼽은 날들 중 76퍼센트에서 업무상의 진전이 있었다. 이러한 날에 업무상의 차질이 있었던 경우는 13퍼센트에 불과했다(그래프 '좋은 날과 나쁜 날' 참고).

응답자들이 좋았다고 답한 날에 업무 진전과 함께 공통적으로 나타나는 내적 근로 생활 촉발 요소가 또 있었다.

좋은 날과 나쁜 날

아래 그래프를 보면 참가자들이 기분이 좋았다고 응답한 날에는 크든 작든 업무상의 진전이 있었던 것을 알 수 있다. 기분이 좋지 않았다고 응답한 날 일어난 업무상의 차질이나 방해 발생 비율을 보면 기분 좋았던 날과 거의 대칭되는 모습이다.

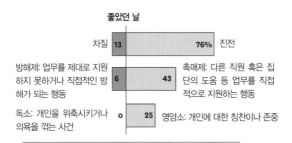

좋았던 날

차질 13   76% 진전

방해제: 업무를 제대로 지원하지 못하거나 직접적인 방해가 되는 행동   6   43   촉매제: 다른 직원 혹은 집단의 도움 등 업무를 직접적으로 지원하는 행동

독소: 개인을 위축시키거나 의욕을 꺾는 사건   0   25   영양소: 개인에 대한 칭찬이나 존중

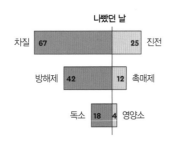

나빴던 날

차질 67   25 진전

방해제 42   12 촉매제

독소 18   4 영양소

바로 다른 직원의 도움 등 업무를 직접적으로 지원하는 역할을 하는 **촉매제**catalysts와 개인에 대한 존중 또는 칭찬 같은 **영양소**nourishers였다. 이 두 개념에 반대되는 개념으로는 제대로 된 지원을 못 받거나 업무를 직접적으로 방해하는 사건인 **방해제**inhibitors, 응답자를 위축시키거나 의욕을 꺾는 사건인 **독소**toxins가 있었다. 촉매제와 방해제는 업무에 직접적으로 작용하는 사건이고, 영양소와 독소는 업무를 진행하는 사람에게 작용하는 사건이다. 내적 근로생활이 좋았던 날에는 업무 차질과 마찬가지로 방해제나 독소도 별로 나타나지 않았다.

응답자들이 '기분이 가장 나빴던 날'로 꼽은 날의 사건들은 좋았던 날과 마치 거울상처럼 대칭되는 모습을 보였다. 나빴던 날 중 67퍼센트에서 업무 차질이 나타났고, 진전이 있었던 날은 25퍼센트에 불과했다. 방해제와 독소가 자주 나타났으며, 촉매제와 영양소는 드물었다.

전진의 법칙을 구체적으로 그려보자면 다음과 같다. 만약 어떤 사람이 근무를 마치고 의욕이 넘치는 행복한 모습으로 퇴근한다면, 그 사람은 그날 업무상 진전을 경험했을 가능성이 높다. 반면 어딘가 의욕 없고 축 처진 모습으로 사무실을 떠난 날은 업무상 차질이 있었을 가능성이 높다.

연구 참가자들이 매일 작성한 1만 2,000건의 일기를 분석한 결과 우리는 업무상의 진전과 차질이 내적 근로 생활을 이루는 세 가지 주요 요소에 모두 영향을 준다는 사실을 알 수 있었다. 업무에 진전이 있었던 날 참가자들은 일기에서도 긍정적인 **감정**을 보였다. 참가자들은 전반적으로 활기찬 분위기를 보였고, 기쁨과 다정함, 자부심 또한 더욱 강하게 나타났다. 반면 업무 차질이 있었던 날은 좌절과 우려, 슬픔의 감정이 주로 나타났다.

진전과 차질은 **동기**에도 영향을 주었다. 진전이 있었던 날 사람들은 업무에 대한 본질적인 의욕을 느꼈고, 일 자체에 대한 관심과 즐거움을 드러냈다. 차질이 있었던 날에는 일 자체에 대한 동기뿐 아니라 타인의 인정 등 외적 요인에 대한 동기 또한 떨어졌다.

인식 또한 진전과 차질에 따라 다른 모습을 보였다. 우선 진전이 있었던 날에는 업무에서 긍정적인 도전을 인식하는 경우가 눈에 띄게 많았다. 또한 소속 부서의 업무 협

HOW TO LIVE & WORK

076

조에 대한 긍정적인 인식이 높았으며, 부서나 상사와의 관계에서 호의적인 상호작용을 인식한 비율 또한 높았다. 반면 업무 차질을 경험한 날에는 여러 면에서 부정적인 인식이 나타났다. 업무에서 긍정적인 도전을 인식하는 비율이 낮았고, 업무 처리의 자유가 낮은 것 같다고 인식했으며, 일을 처리하는 데 필요한 자원 또한 부족하다고 느꼈다. 또한 응답자들은 이런 날에는 소속 부서와 상사의 업무 협조가 부족했다고 인식했다.

물론 우리의 분석은 연관성을 보여줄 뿐 인과성을 증명하는 것은 아니다. 내적 근로 생활에 나타난 변화가 업무 진전과 차질로 인한 결과였을까? 혹시 그 반대는 아니었을까? 수치만 가지고는 이 질문에 답할 수 없다. 다만, 수천 편에 달하는 일기가 업무 진전 후의 긍정적인 인식, 성취감, 만족감, 행복, 심지어 감격을 보여주었다. 업무상의 진전이 있었던 날 한 프로그래머가 작성한 일기를 읽어보자. "일주일 내내 나를 괴롭히던 버그를 드디어 잡아냈다. 다른 사람은 그게 뭐 특별한 일이냐고 하겠지만, 평소 매우 단조로운 생활을 하는 나로서는 지금 매우 들떠 있다."

이와 마찬가지로 업무 차질 뒤에는 부정적인 인식, 좌절, 슬픔, 심지어 혐오가 나타나기도 했다. 어느 상품 마케터는 업무 차질을 경험한 날 일기에 이런 내용을 썼다. "비용절감 프로젝트 리스트를 업데이트하느라 정말 많은 시간을 보냈다. 그런데 총계를 내보니 아직도 목표치에는 한참 모자란다. 그렇게 많은 시간을 들여 노력했는데 목표치를 맞추지 못하니 의기소침하다."

내적 근로 생활과 업무상의 진전/차질 사이의 인과성이 양방향으로 작용하는 것은 거의 확실해 보인다. 관리자들은 둘 사이에 존재하는 순환고리를 활용해 양쪽 모두에 긍정적인 영향을 미칠 수 있다.

중간 목표 설정

업무상의 진전이라고 하면 흔히 중요한 돌파구를 마련하거나 장기적인 목표를 이루는 등의 커다란 성공을 떠올린다. 물론 이러한 성공은 훌륭하지만 상대적으로 그 빈도가 낮을 수밖에 없다. 다행인 것은 업무상의 작은 성공도 내적 근로 생활을 크게 향상시킬 수 있다는 점이다. 연구 참가자들이 일기에 적은 진전들 중 상당수는 업무상의 작은 진전이었지만, 이는 사건 자체의 크기를 능가하는 긍정적 반응을 불러왔다. 한 기술기업에서 프로그래머로 일하는 참가자의 일기를 읽어보자. 이 참가자는 이날 자신의 기분, 동기, 인식을 매우 긍정적으로 평가했다. "뭔가가 제대로 작동하지 않던 이유를 알아냈다. 이유를 알아내서 다행이고 행복하다. 이것은 나에게 작지만 중요한 전진이었다."

특별할 것 없는 일상적인 진전도 일에 대한 열의를 높이고 직원을 행복하게 할 수 있다. 참가자들이 일기를 통해 제출한 모든 유형의 사건들 중 상당한 비율(28퍼센트)이 프로젝트 자체에는 큰 영향을 주지 않는 정도의 진전이었지만 참가자의 감정에는 큰 영향을 주었다. 내적 근로 생활은 창의성과 생산성에 지대한 영향을 미친다. 또한 여러 사람이 만들어내는 작지만 일관된 진전이 모이면 완벽한 업무의 흐름으로 이어진다. 간과하기 쉬운 작은 진전들이 조직의 전반적인 성과에 중요한 역할을 하는 이유다.

그런데 안타깝게도 반대의 경우 또한 성립한다. 업무상의 작은 손실이나 차질도 내적 근로 생활에 극도로 부정적인 영향을 줄 수 있다는 말이다. 사실 우리의 연구를 비롯한 다양한 연구 내용을 살펴보면, 긍정적인 사건보다 부정적 사건이 더 크게 영향을 미친다는 것을 알 수 있다. 관리자들이 업무상 불필요한 방해 요소를 최소화하기 위해 특히 노력해야 하는 이유다.

의미 있는 업무상의 진전

방금 우리는 직원들이 업무상의 작은 진전에도 큰 만족을 보인다는 사실을 함께 살펴보았다. 그러나 앞서 언급한 바와 같이 동기부여의 열쇠는 **의미 있는** 업무에서의 진전이다. 업무상의 진전은 분명 내적 근로 생활을 향상시키지만, 그러기 위해서는 업무 자체가 의미 있는 일이어야 한다.

지금까지 했던 일 중 가장 따분했던 일을 떠올려보자. 대부분은 청소년 시절 했던 첫 아르바이트를 떠올릴 것이다. 식당 주방에서 솥과 냄비를 닦고, 박물관 물품보관소에서 방문객들의 코트를 보관하는 일 같은 것들 말이다. 이런 일을 할 때는 업무상의 진전이라는 것이 무의미하게 느껴진다. 아무리 열심히 일해도 닦아야 할 그릇은 끝이 없고, 보관해야 할 코트도 끝없이 밀려든다. 성취감이라 할 만한 것은 하루 일이 끝나 퇴근할 무렵이나 일주일이 지나 주급을 받을 때나 느껴진다.

업무의 성격이 창의적이고 도전적이라 해도 단순한 과제 처리 정도의 진전은 좋은 내적 근로 생활을 보장할 수 없다. 주어진 업무를 열심히 처리하면서도 동기가 떨어지고 왠지 모르게 만족스럽지 않은 날을 (혹은 그런 프로젝트를) 아마 누구나 한 번쯤 경험해보았을 것이다. 이러한 현상은 주로 완료한 업무가 지나치게 지엽적이거나 무의미할 때 일어난다. 전진의 법칙이 효과를 발휘하기 위해서는 우리에게 의미 있는 일이어야 한다.

1983년 스티브 잡스와 존 스컬리 사이에서 있었던 일이다. 당시 스티브 잡스는 펩시콜라에서 성공가도를 달리고 있던 존 스컬리를 애플의 최고경영자로 영입하기 위해 애쓰고 있었다. 스티브 잡스는 그를 설득하며 이런 말을 했다고 한다. "남은 평생 설탕물을 팔고 싶으신가요? 아니면 이 세상을 바꿀 기회를 잡고 싶으신가요?" 스컬리를 설득하며 잡스는 매우 강력한 심리학적 요인을 활용했다. 바로 인간이라면 누구나 가지고 있는, 의미 있는 일을 하고자 하는 내면의 욕구 말이다.

다행히 세계 최초로 평범한 사람들에게 개인용 컴퓨터를 보급하고, 빈곤을 퇴치하고, 암을 치료하는 일이 아니더라도 의미 있는 일은 많다. 그렇게까지 사회적으로 대단한 일이 아니더라도 일하는 사람이 중요하게 생각하는 무언가 혹은 누군가에게 도움이 되는 일이라면 충분히 의미 있는 일이 될 수 있다. 소비자들이 유용하게 쓸 수 있는 질 좋은 제품을 만드는 것도, 공동체를 위해 진심어린 서비스를 제공하는 것도 의미 있는 일이다. 동료의 업무를 돕는 것, 생산 과정에서 불필요한 요소를 줄여 조직의 수익을 높이는 일도 의미 있는 일이다. 그 목표가 거창하든

소박하든 일하는 사람에게 의미가 있고 그 사람의 노력이 그 목표를 이루는 데 기여한다는 확신이 있다면, 목표를 향해 나아가는 진전은 내적 근로 생활에 활기를 불어넣을 수 있다.

원칙적으로는 관리자가 조직원들의 업무에 의미를 부여하기 위해 별도의 노력을 기울일 필요는 없다. 현대 조직에 존재하는 대부분의 업무는 그 일을 하는 이들에게 이미 어느 정도의 의미를 주고 있기 때문이다. 그러나 직원들의 일이 어떤 방식으로 조직의 목표에 기여하고 있는지 알려주는 것은 필요하다. 또한 그보다 더 중요한 것은 직원들이 진행하고 있는 일의 가치를 부정하는 행동을 피해야 한다는 점이다. (아래 글 '일은 어떻게 의미를 잃게 되는가' 참고.) 일기 연구에 참여한 참가자들은 모두 의미 있는 업무를 담당하고 있었으며, 그릇을 닦거나 코트를 보관하는 일을 하는 이는 없었다. 그러나 도전적이고 창의적이어야 할 이들의 업무가 의미를 잃게 되는 장면은 일기 곳곳에서 깜짝 놀랄 만큼 자주 목격되었다.

일은 어떻게 의미를 잃게 되는가

창의력을 요하는 프로젝트팀에서 일하는 238명의
연구 참가자들이 작성한 일기를 분석한 결과, 관리자
들이 하는 행동 중 자기도 모르게 직원들이 생각하는
일의 의미를 잃게 만드는 행동은 주로 다음 네 가지
유형으로 나타났다.

1. 업무나 아이디어의 중요성을 무시하는 경우

화학회사 연구실에서 일하는 최고참 실험기사인 리
처드는 신제품 개발팀이 복잡한 기술적 문제를 해결
하는 것을 돕는 데에서 자신이 맡은 업무의 의미를 찾
아왔다. 그런데 그는 팀회의에서 팀장이 자신을 비롯
한 팀원들의 제안을 무시한다는 인상을 3주에 걸쳐
받았다. 그 결과 리처드는 자신의 기여가 무의미하다
는 생각에 의욕을 잃고 말았다. 그러다 마침내 자신

이 프로젝트의 성공에 상당한 기여를 하고 있다는 생각이 다시 들자 기분이 훨씬 좋아졌고, 일기에 이렇게 기록했다. "오늘 팀회의에서는 기분이 한결 괜찮았다. 내 의견과 내가 제공하는 정보가 이 프로젝트에 중요하다는 느낌을 받았고, 우리가 함께 진전을 이뤄낸 것 같았다."

2. 업무에 대한 직원의 주인의식을 파괴하는 경우

갑작스러운 업무 재배정이 수시로 행해지는 경우 이런 일이 일어날 수 있다. 대형 소비재 기업 제품개발팀에서 일하는 브루스는 부서 내에서 이러한 일이 반복적으로 발생했다고 일기에 적었다. "일부 업무를 다른 직원에게 넘기면서 사실은 서운한 마음이 들었다. 특히 시작부터 마무리 단계까지 거의 맡아서 진행해온 업무는 더욱 그랬다. 업무에 대한 주도권을 잃어버린 느낌이다. 우리 팀에서는 이런 일이 너무 자주 발생한다."

3. 직원이 현재 하고 있는 일이 출시되지 않으리라는 신호를 보내는 경우

관리자가 업무 우선순위를 바꾸거나 일의 처리 방식을 갑자기 바꾸면 의도치 않게 이러한 신호를 보낼 수 있다. IT회사에서 일하는 유저 인터페이스 개발자 버트는 몇 주째 비영어권 사용자를 위한 심리스 트랜지션seamless transitions을 디자인하던 중 후자의 일을 겪었다. 그 일이 있던 날 버트는 기분이 무척 상했다고 일기에 적었다. "팀회의 중 인터내셔널판 인터페이스에 대한 다른 옵션들이 팀에 전달되었다. 그 말인즉슨 내가 현재 하고 있는 일이 쓸모없어질지도 모른다는 얘기다."

4. 고객이나 소비자의 요청 사항에서 예상치 못한 변화가 있었음을 직원에게 제대로 알리지 않는 경우

고객관리에 서툴거나 사내 소통이 충분치 못한 경우 이런 일이 종종 발생한다. IT 회사에서 데이터 트랜스

포메이션 전문가로 일하는 스튜어트는 몇 주 동안 쏟아부은 팀의 노력이 모두 쓸데없는 일이었다는 것을 알게 된 날 깊은 좌절감과 함께 이런 일기를 남겼다. "고객사의 요청 변화로 이번 프로젝트가 무산될 가능성이 높다는 것을 알게 되었다. 이 말은 우리가 이 프로젝트에 쏟아부은 시간과 노력이 그저 시간낭비가 된다는 것을 의미한다."

진전을 돕는 요소: 촉매제와 영양소

직원들의 행복과 열의, 동기를 강화하기 위해서 관리자들은 무엇을 해야 할까? 어떻게 하면 직원들의 일상적인 전진을 도울 수 있을까? 이에 대한 정답도 응답자들의 일기 안에 있다. 일기의 '좋았던 날'에 업무 진전과 함께 자주 등장한 다른 두 요소, 즉 촉매제와 영양소를 활용하면 된다.

촉매제는 업무를 지원하는 행동이다. 여기에는 명확한 목표 설정, 업무 자율성 인정, 업무에 필요한 자원과 시간 제공, 업무수행 원조, 성공과 실패에서 배우기, 아이디어의 자유로운 교환 등이 포함된다. 반대 개념인 방해제에는 일에 대한 지원 제공에 실패하거나 직접적으로 업무에 간섭하는 행위가 포함된다. 촉매제와 영양소는 일의 진전에 영향을 줌으로써 궁극적으로는 내적 근로 생활을 변화시킨다. 이 두 요소가 내적 근로 생활에 미치는 영향은 비교적 간접적이지만, 그 영향이 즉각적으로 나타나는 경우도 있다. 일례로, 사람들은 뚜렷하고 의미 있는 목표, 충분한 가용자원, 동료들의 지원이 주어지는 순간 즉각적인 감정 개선과 동기 상승을 느끼며, 자신이 맡은 업무나 조직에 대해 좋은 인식을 갖게 된다.

영양소는 존중이나 인정, 격려, 공감, 소속감 등 사람 중심의 지원이다. 독소는 그 반대인 무례함, 비난, 감정적 무시, 타인과의 갈등 등이다. 영양소와 독소는 내적 근로 생활에 직접적이고 즉각적인 영향을 미친다.

촉매제와 영양소, 그리고 방해제와 독소는 직원의 일

에 대한 인식, 나아가 자기 자신에 대한 인식을 바꿈으로써 업무가 지니는 의미를 바꿔놓는다. 예를 들어 관리자가 직원들이 필요로 하는 가용자원을 신경 써서 확보하고 챙긴다면 직원들은 자신이 하는 일이 중요하고 가치 있는 일이라는 인상을 받는다. 관리자가 직원이 하는 일을 인정하고 칭찬하면 직원들은 자신이 조직 내에서 소중한 존재라는 인상을 받는다. 이와 같이 촉매제와 영양소는 일을 더 의미 있게 만들어주고 전진의 법칙이 주는 효과를 증폭시킨다.

조직원들에게 촉매제와 영양소가 되는 관리자의 행동은 딱히 비결이랄 것도 없을 만큼 기본적이다. 어찌 보면 경영학 개론에 나올 만큼 뻔하고, 나아가 상식에 가까운 행동이다. 그러나 이번 일기 연구에서 깨달았듯, 이러한 기본적인 것들이 너무나도 자주 무시되거나 잊히고 있다. 우리가 연구한 기업의 관리자들 중 세심한 편에 속하는 이들조차도 조직원들에게 촉매제와 영양소를 지속적으로 제공하지는 못하고 있었다. 예를 들어 공급망 관리 전문가인 마이클은 대부분의 경우 여러 면에서 훌륭한 관리자였다. 그러나 가끔 일이 꼬여서 감당하기 힘들 때면 팀원들에게 독소를 쏘아대곤 했다. 어느 날 공급업체 한 곳이 주문 물량을 제때 소화하지 못했고, 결국 마이클의 팀은 고객이 요청한 배송날짜에 맞추기 위해 값비싼 항공운송을 이용해야 했다. 계산을 해보니 판매수익이 다 날아갈 판이었다. 짜증이 난 마이클은 그동안 성실하게 일해온 부하 직원들의 일처리를 깎아내리며 몰아세웠다. 그렇지 않아도 공급업체 때문에 힘들어하는 직원들의 입장은 생각지도 않은 채 말이다. 마이클은 일기에 이렇게 썼다. "금요일 현재, 우리 회사에서 두 번째로 중요한 고객사에 30달러짜리 분사형 청소 밀대 1,500개를 항공편으로 보내는 데 2만 8,000달러를 썼다. 앞으로도 2,800개를 더 보내야 하는데, 이 물량 또한 항공편으로 보낼 가능성이 크다. 너무 화가 난 나머지 친절한 공급망 관리 전문가에서 난폭한 사형집행자처럼 변해버렸다. 내 안에 있던 예의 따위는 다 사라져버렸다. 우리는 지금 궁지에 몰렸다. 도망칠 수는 없으니 싸우는 수밖에."

궁지에 몰린 관리자가 아니어도 촉매제와 영양소를 깎

빡 잊는 사람들이 많다. 부하 직원들의 안정적인 업무 진전을 돕고 업무에 필요한 지원을 하는 것보다 장기적인 전략을 세우거나 새로운 이니셔티브를 만드는 것이 더 중요하고 멋있어 보이기 때문이다. 그러나 우리의 연구에서 반복적으로 목격했듯, 아무리 좋은 전략이라도 이를 실행에 옮기는 직원들을 관리자가 무시한다면 실패로 돌아갈 수밖에 없다.

모범적인 관리자 따라하기

관리자가 직원의 사기를 끌어올리고 일의 진전을 촉진하는 수많은 (다소 평범하기 그지없는) 방법을 더 설명할 수도 있겠지만, 그보다는 이러한 방법을 꾸준히 실천에 옮긴 관리자의 사례를 함께 살펴보고 모든 관리자들이 이를 함께 실천할 수 있는 간단한 도구를 제공하는 것이 더 의미 있을 것 같다.

우리가 소개할 모범적인 관리자는 유럽의 다국적기업

에서 화학 엔지니어들로 구성된 작은 부서를 이끌고 있는 그레이엄이다. 편의상 기업의 이름은 크루거-번Kruger-Bern이라고 칭하겠다. 그레이엄의 팀에서 담당하던 뉴폴리 프로젝트는 화장품에 들어가는 석유화학물질을 대체할 안전한 생분해성 합성 고분자물질을 개발하는 프로젝트로, 목표가 뚜렷하며 의미 또한 충분했다. 개발이 잘 진행되면 화장품뿐 아니라 다양한 소비자 상품에 쓰이는 석유화학물질을 대체할 가능성도 있었다. 그러나 대기업에서 으레 그렇듯 고위 임원진들의 변덕, 상충하는 신호들, 갈수록 약해지는 조직의 열의 때문에 이 프로젝트는 혼란을 겪고 있었다. 가용자원 또한 부족했으며, 프로젝트의 미래는 물론 팀원들의 경력에도 불확실성의 그림자가 드리워져 있었다. 설상가상으로 프로젝트 초기에 중요 고객이 샘플을 보고 화를 낸 뒤로 팀원들은 의기소침해 있었다. 그레이엄은 이러한 상황에서 업무 방해 요소를 끊임없이 해소하고, 일의 진척을 다방면으로 도왔으며, 팀원들의 감정을 다독이면서 부서의 내적 근로 생활을 잘 유지해갔다.

관리자로서 그레이엄의 접근법은 네 가지 측면에서 훌륭했다. 우선 그는 모범적인 행동으로 부서 내에서 차근차근 긍정적인 분위기를 조성하고, 팀 전체를 위한 행동 규범을 확립했다. 고객의 불만 제기로 프로젝트가 차질을 빚게 된 상황에서도 그레이엄은 누군가를 비난하기보다는 팀원들과 협력해 고객과의 관계 회복을 위한 계획을 세웠다. 또한 그는 업무상의 위기 발생 시에도 패닉에 빠지거나 특정인을 비난하지 않았으며, 문제를 찾아내고 공동의 해결방안을 수립함으로써 모범적인 대처법을 보여주었다. 그레이엄의 대처는 타당하고 실용적이었다. 뿐만 아니라 대규모 프로젝트에서 어쩔 수 없이 겪게 되는 난관 속에서 부하 직원들에게 일이 진전되고 있다는 긍정적인 신호를 보내는 행동이었다는 점에서 훌륭했다.

둘째로 그레이엄은 팀원들이 진행하는 매일의 업무 활동과 진척에 늘 주의를 기울였다. 프로젝트 초기부터 정착시킨 우호적인 분위기 덕에 이는 자연스럽게 이루어질 수 있었다. 팀원들은 그레이엄이 별도로 요청하지 않아도 자연스럽게 업무상의 진전, 어려운 점, 앞으로의 계획을 자주 보고하고 공유했다. 한번은 가장 열심히 일하는 팀원 중 한 명인 브레이디가 실험기기의 수치를 잘못 조작하는 바람에 새로운 소재에 대한 시험이 중단되는 사태가 발생했다. 해당 장비를 일주일에 한 번만 쓸 수 있었던 뉴폴리팀에게는 난감한 일이었다. 그러나 어쨌든 브레이디는 그레이엄에게 이를 바로 보고했다. 그날 근무를 마친 후 브레이디는 일기에 이렇게 적었다. "일주일을 잃었다는 사실을 썩 마음에 들어 하시지는 않았지만, 상황을 이해해주는 것 같았다." 팀원들의 어려움을 이해하는 그레이엄의 태도 덕에 그는 팀 내 정보의 흐름에서 소외되지 않을 수 있었고, 그 덕에 관리자로서 팀원들이 업무를 진전시키는 데 필요한 것들을 알아채고 제공할 수 있었다.

셋째, 그레이엄은 팀 내 혹은 프로젝트상 발생한 최근의 사건들을 참고해 필요한 곳에 적절한 지원을 해주었다. 그는 팀원들의 내적 근로 생활과 업무 진전에 최선의 영향을 주기 위해 촉매제나 영양소를 선택해야 할지, 혹은 방해제나 독소를 제거해야 할지 매일 판단해서 실천에 옮겼다. 판단을 내리기 어려울 때는 팀원들에게 묻기도 했다. 물론 대부분의 경우 이러한 판단을 내리는 것은 크게 어렵지 않았다. 그레이엄의 상사가 뉴폴리 프로젝트에 관심을 가지고 있다는 고무적인 소식을 들은 날도 그는 이를 지체 없이 팀원들에게 전달했다. 사실 팀 내에는 경영진이 이 프로젝트에 관심이 없으며 곧 인력 개편이 있을 것이라는 소문이 돌았고, 팀원들은 불안해하고 있었다. 상사에게서 조직 개편은 없을 것이라는 좋은 소식을 들은 그레이엄은 소중한 휴가를 즐기는 중이었음에도 지체 없이 팀원들에게 전화를 걸어 안심시켰다.

마지막으로 그레이엄은 업무에 일일이 간섭하는 마이크로매니저micromanager가 되기보다는 팀원들이 언제든 활용할 수 있는 자원으로 자신을 포지셔닝했다. 그레이엄은 팀원들의 업무에 관여했지만 간섭하지는 않았다. 관여와 간섭은 일견 비슷해 보일 수도 있지만 전혀 다르다. 간섭을 일삼는 마이크로매니저들은 네 가지 유형의 실수를 저지른다. 우선, 마이크로매니저들은 팀원들에게 업무상 자율성을 주지 않는다. 명확한 전략적 목표를 설정해주되 그 목표를 달성하는 방법에서는 팀원들의 아이디어를 존중했던 그레이엄과 달리 마이크로매니저들은 팀원들의 모든 움직임을 통제하려 한다. 둘째로 마이크로매니저들은 일에 별 도움은 주지 않으면서 진척 상황에 관해 자꾸 묻기만 한다. 그레이엄의 경우 업무상 문제를 보고받으면 늘 문제의 분석을 도왔고, 그 덕에 사태를 바로잡은 경우도 많았다. 문제를 분석할 때는 다른 해석에 대한 열린 태도도 잊지 않았다. 셋째, 마이크로매니저들은 문제 발생 시 바로 담당자를 비난하기 때문에 부하 직원들은 문제를 솔직하게 털어놓지 못하고 숨긴다. 그레이엄의 경우 브레이디가 문제를 털어놓았을 때 이해하는 태도를 보였다. 넷째로 마이크로매니저들은 업무에 필요한 정보를 혼자만 가지고 있다가 비밀무기로 쓰려고 한다. 이것이 직원들의 내적 근로 생활에 얼마나 치명적인 타격을 주는지 깨닫지 못하는 이들이 많다. 관리자가 중요한 정보를 혼자서 쥐고 있다는 인상을 주면 직원들은 무시당한 기분을 느끼며 업무에 대한 동기를 잃게 되고, 일 또한 제대로 진행하기 힘들어진다. 그레이엄은 프로젝트에 대한 임원진의 견해와 고객들의 의견을 비롯해서 조직 내외부의 지원 요소와 저항 요소를 팀원들과 신속하게 공유했다. 그레이엄은 앞서 예로 든 행동들을 통해 팀원들의 긍정적인 감정과 일에 대한 동기, 호의적인 인식 모두를 성공적으로 이끌어냈다. 그레이엄의 행동은 업무의 진전을 장려하고자 하는 관리자라면 직급을 막론하고 누구나 본받아야 할 모범적인 행동이다.

이러한 행동은 그레이엄에게는 마치 습관처럼 자연스러운 것이었지만, 모두가 쉽게 따라할 수 있는 것은 아니다. 잘 해보자는 마음을 먹어도 이를 단번에 습관화하기에는 어려움이 있다는 것을 우리도 알고 있다. 우선 조직원의 진전을 돕겠다는 인식을 가지는 것이 첫걸음이다. 직원들의 내적 근로 생활의 중요성을 인식하고 이를 일상적 행동으로 체득하기 위해서는 꾸준한 훈련이 필요하다. 우리는 이를 돕기 위해 관리자들이 매일 참고할 수 있는 체크리스트를 만들어보았다(다음 글 '진전을 위한 일일 체크리스트' 참고). 이 체크리스트의 목적은 매일 의미 있는 진전을 만들어내기 위한 업무 관리에 있다.

진전을 위한 일일 체크리스트

||||||||||||||||||||||||||||||||||||||||||||||||||||||||||||||||||||||||||||||||||||||

매일 근무를 마칠 때쯤 이 체크리스트를 활용해 하루를 되돌아보고 내일을 위한 관리계획을 세워보자. 며칠쯤 지나 익숙해지면 굵게 강조된 글씨만 훑어보며 자연스럽게 정리할 수 있을 것이다.

우선 업무의 진전과 차질에 집중하며, 각각 진전과 차질을 만들어낸 구체적인 사건(촉매제, 영양소, 방해제, 독소)을 떠올려보자. 그다음으로는 조직원들의 내적 근로 생활을 보여주는 단서가 있었는지 생각해보고, 가능하다면 이러한 단서를 토대로 업무의 진전이나 다른 사건과의 관련성을 생각해본다. 다음으로는 행동을 위한 우선순위를 떠올려본다.

이 체크리스트에서 가장 중요한 부분은 내일을 위한 실행 계획이다. 업무의 진전을 잘 돕기 위해 반드시 해야 할 단 한 가지 일이 무엇인지 생각해보자.

작은 승리나 잠재적인 돌파구가 될 만한 사건을 한두

개 적어보자(간략히 서술).

촉매제

• 팀에 의미 있는 일에 대한 단기적/장기적 **목표**가

분명히 주어졌는가?

• 팀원들은 문제를 해결하고 프로젝트에 대한 주인

의식을 가질 만한 ***자율권***을 가지고 있는가?

• 팀원들에게 효율적으로 전진하기 위해 필요한 모

든 ***자원***이 주어졌는가?

• 팀원들에게 의미 있는 일에 집중할 만한 충분한 ***시***

간이 주어졌는가?

• 오늘의 성공과 실패에서 배운 ***교훈***을 팀원들과 나

눴는가?

- 도움을 필요로 하는 팀원들에게 **도움**을 주었는가?
  팀원들에게 서로 돕도록 장려했는가?
- 팀 내에서 **아이디어**가 자유롭게 오가도록 했는가?

영양소

- 업무 진전에 대한 기여를 인정하고, 아이디어를 경
  청하고, 전문가로서 신뢰하는 등 팀원들에게 **존중**
  을 표했는가?
- 어려운 도전에 부딪힌 팀원을 **격려**했는가?
- 개인적인, 혹은 업무적인 문제를 겪고 있는 팀원을
  지원했는가?
- 팀 내에 개인적/직업적 **유대감**과 동료의식이 존재
  하는가?

차질

작은 차질이나 잠재적인 위기가 될 만한 사건을 한두

개 적어보자(간략히 서술).

....

....

....

방해요인

• 의미 있는 업무에 대한 단기적/장기적 목표에 대한
혼란이 있었는가?

• 팀원들이 문제를 해결하거나 프로젝트에 대한 주
인의식을 가지는 데 지나친 *제약*이 있었는가?

• 팀원들이 효율적으로 전진하기 위해 필요한 *자원*
이 부족하지는 않았는가?

• 팀원들이 의미 있는 일에 집중할 만한 *시간*이 부족
하지는 않았는가?

• 팀원들이 나 또는 다른 사람에게 요청한 **도움**을 제
공하지 못하지는 않았는가?

• 실패를 '처벌'하지는 않았는가? 성공과 실패에서

얻을 수 있는 **교훈** 혹은 기회를 도외시하지는 않았
는가?

- 팀원들의 **아이디어** 제안이나 그에 대한 논의를 나
혹은 다른 사람이 성급히 자르지는 않았는가?

독소

- 업무 진전에 대한 기여를 인정하지 않거나 아이디
어를 경청하지 않고 전문가로서의 신뢰를 보이지
않는 등 팀원들을 **무시**하지는 않았는가?
- 어떤 방식으로든 팀원의 **의욕**을 꺾은 적이 있는가?
- 개인적인, 혹은 업무적인 문제를 겪고 있는 팀원을
방치하지는 않았는가?
- 팀원들 사이에, 혹은 팀원과 나 사이에 긴장감이나
적의가 있지는 않은가?

내적 근로 생활

- 오늘 부하 직원들의 행동 중 내적 근로 생활 상태를

짐작할 만한 것이 있었는가?

....

....

• 일, 부서, 경영진, 조직에 대한 인식

....

....

• 감정

....

....

• 동기

....

....

• 내적 근로 생활에 영향을 미쳤을 만한 구체적인 사
  건이 있다면?

....

....

• 오늘 깨닫게 된 촉매제와 영양소를 더욱 강화하고,
  부족한 지원을 제공하기 위해 내일 할 수 있는 일은
  무엇일까?

....

....

....

• 오늘 깨닫게 된 방해제와 독소를 없애기 위해 내일
  할 수 있는 일은 무엇일까?

....

....

....

긍정적인 내적 근로 생활은 좋은 성과를 불러온다. 또한, 꾸준한 진전으로 이뤄낸 좋은 성과는 내적 근로 생활을 증진한다. 우리가 '전진의 순환고리progress loop'라 칭하는 이것은 이로운 자기 강화의 가능성을 보여준다.

전진의 법칙의 가장 중요한 함의는 다음과 같다. 조직원 개개인과 의미 있는 업무 진전을 지원함으로써 관리자들은 조직원들의 내적 근로 생활뿐 아니라 조직의 장기적 성과 또한 향상시킬 수 있다. 그리고 조직의 성과 향상은 다시 직원의 내적 근로 생활에 활기를 불어넣는다. 물론 이러한 순환의 고리는 부정적인 방향으로 작동할 위험도 내재하고 있다. 관리자가 조직원과 조직원들의 업무 진전 노력을 제대로 지원해주지 못하면 이들의 내적 근로 생활은 타격을 입고, 성과 또한 저하된다. 성과 저하는 다시 내적 근로 생활의 악화로 이어진다.

전진의 법칙이 주는 두 번째 함의는 관리자들이 조직원의 행복과 동기부여를 위해서 굳이 이들의 심리를 읽어내고 복잡한 보상 시스템을 짜내려고 애쓸 필요가 없다는 점이다. 팀원들에 대한 기본적인 존중과 배려만 있다면 업무 자체의 진전을 지원하는 것만으로도 충분하다.

효과적인 관리자가 되기 위해서는 긍정의 고리를 작동시킬 수 있어야 한다. 이를 위해서는 상당한 시각의 변화가 필요할 수도 있다. 경영대학원이나 경영 전문 서적, 그리고 관리자들은 조직이나 조직원을 관리하는 것에만 집중하는 경우가 많다. 그러나 업무의 진전을 관리하는 데 집중하면 조직원에 대한 관리도, 나아가 조직 전체에 대한 관리도 함께할 수 있다. 부하 직원들의 내적 근로 생활을 꿰뚫어보려 애쓸 필요는 없다. 그저 직원들을 배려하고 업무에서 꾸준히 전진할 수 있도록 돕고 그 진전을 명확히 볼 수 있게 한다면, 직원들은 자연스럽게 뛰어난 성과를 낼 수 있는 감정과 동기, 인식을 지니게 될 것이다. 직원들의 뛰어난 업무능력이 조직의 성공에 기여할 것임은 물론이고 말이다. 마지막으로 제일 좋은 점이 하나 더 있다. 바로 직원들이 자신의 일을 사랑하게 될 것이라는 점이다.

5
직원이 행복한
조직 만들기

지속가능한 성과의 시작

by 그레첸 스프라이처, 크리스틴 포래스

그레첸 스프라이처 Gretchen Spreitzer
미시간대학 로스 경영대학원의 키스 E.,Keith E., 발레리 J. 알레시Valerie J. Alessi 교
수와 함께, 동 대학에 설치된 긍정조직학센터의 핵심 교수진이기도 하다.

크리스틴 포래스 Christine Porath
조지타운대학 경영대학원 부교수로 『무례함의 비용』의 저자이며, 『무례한
행동의 대가The Cost of Bad Behavior』를 공동집필한 바 있다.

경제가 엉망인 시기에는 금전적 보상이나 지적 만족은 고사하고 단지 일거리가 있다는 사실만으로도 감사하기 마련이다. 그런 시기에 직원의 행복을 따지는 것은 일종의 사치로 느껴진다. 그러나 우리는 직원들의 꾸준한 성과 창출을 돕는 요소를 연구하던 중 직원의 행복에 관심을 가질 만한 충분한 이유가 있다는 사실을 깨닫게 되었다. 장기적으로 보았을 때, 행복한 직원이 그렇지 않은 직원보다 높은 생산성을 보인다는 것이 바로 그 이유다. 행복한 직원들은 매일 성실하게 출근하고 퇴사율이 낮으며 주어진 일 이상의 것을 해낸다. 또한 자신처럼 일에 열의를 가진 사람들을 주위로 끌어모은다. 이들은 단거리 주자라기보다는 장거리를 꾸준히 달리는 마라토너 같은 사람들이다.

그렇다면 일을 함에 있어서 행복하다는 것은 어떤 의미일까? 행복은 현 상황에 대한 만족을 나타내는 **자족**contentment과는 다르다. 우리는 미시간대 로스 경영대학원 긍정조직학센터와 협력해 개인과 조직의 지속가능한 성과 창출 요소에 관해 연구하던 중, 일에 있어서의 행복을 설명해줄 좋은 단어를 찾아냈다. 바로 '번성thriving'이다. 번성하는 직원들은 생산적이고 조직에 대한 만족도가 높을 뿐 아니라, 조직의 미래와 개인의 미래를 창조하는 데 열의를 보인다. 이들은 뚜렷한 특징을 보이며, 늘 에너지가 넘치면서 일로 인한 소진을 피하는 법을 잘 알고 있다.

다양한 산업과 직군의 종사자들을 조사한 결과, 우리가 정의한 번성하는 직원에 해당하는 이들은 전반적인 성과 면에서 16퍼센트 뛰어나고, 소진 상태에 빠질 확률이 동료들에 비해 125퍼센트 낮다는 것을 알 수 있었다(성과에 대한 조사는 관리자들의 답변을 기반으로 했고, 소진에 대한 조사는 본인 답변을 기반으로 했다). 조직에 대한 헌신도는 32퍼센트 높았으며, 직업에 대한 만족도도 46퍼센트 높았다. 결근 비율이 현저히 낮고 병원을 찾는 경우도 드물었다. 조직 입장에서는 의료비용을 아끼고 업무시간 손실을 막을 수 있다는 의미가 된다.

우리는 연구를 통해 직원들이 번성하기 위한 두 가지 요건을 알아냈다. 첫 번째 요건은 **활력**vitality, 즉 가슴속에서 느껴지는 생동감과 열정, 흥분이다. 직장에서 활력을 경험하는 직원들은 자신의 내부에서뿐 아니라 주위 직원들에게도 에너지를 불러일으킨다. 회사는 직원들의 업무가 변화로 이어진다는 사실을 일깨워줌으로써 일터에 활기를 불어넣을 수 있다.

두 번째 요건은 **학습**learning, 즉 새로운 지식과 기술을 습득하며 경험하게 되는 성장이다. 직원들은 학습을 통해 기술적인 우위와 전문가로서의 지위를 얻을 수 있다. 학습은 선순환을 불러오기도 한다. 역량을 개발하는 사람들은 더 큰 성장을 불러올 수 있는 자신의 잠재력을 믿기 때문이다.

활력과 학습은 함께 작용한다. 둘 중 하나가 결여된 환경은 지속가능성이 없으며, 오히려 성과에 악영향을 미치기도 한다. 예를 들어 학습은 일시적으로 업무의 추진력을 만들어낸다. 그러나 열정이 없는 추진은 소진으로 이어질 위험이 있다. 열정이 없다면 '배운 것으로 무엇을 해야 할까?', '이 일을 계속해야 하는 이유가 무엇일까?'라는 의문이 생길 것이다. 학습 없는 활력도 위험하기는 마찬가지다. 아무리 결과물을 내고 인정받는 것을 좋아하는 사람이라도 그러한 환경은 결국 단조롭게 느껴질 것이다. 일을 통한 학습의 기회가 없다면 결국 같은 일을 계속 반복하는 것밖에 되지 않으니 말이다.

직원들은 활력과 학습이 적절히 조화된 환경에서 좋은 결과를 내고 성장의 기회를 찾는다. 그뿐 아니라 일에서 보람을 느끼게 된다. 단순히 그날 해야 할 일을 잘 해냈기 때문이 아니라 자신과 회사가 나아가고 있는 방향에 대한 확신을 가질 수 있기 때문이다. 다시 말해, 이러한 환경에서 직원들은 번성하고, 번성하는 직원의 에너지는 쉽게 전염된다(아래 글 참고).

이 연구에 대해

우리는 지난 7년 동안 번성의 본질을 연구하고, 번성의 촉진 요인과 방해 요인을 밝히려고 노력해왔다.

우리는 동료인 크리스티나 깁슨, 플래너리 가넷과 함께 다양한 연구를 진행하며 1,200여 명의 블루컬러 노동자와 화이트컬러 노동자를 설문 혹은 면담했다. 응답자들은 고등교육, 보건, 금융서비스, 해양, 에너지, 제조업 등 다양한 산업에 종사하고 있었다. 우리는 응답자 자신과 상사들이 제출한 정보를 바탕으로 이들의 에너지, 학습, 성장을 반영하는 수치들을 살펴보았으며, 직원들의 근속률, 건강, 전반적인 업무능력과 조직시민행동에 대한 사항 또한 조사했다.

우리는 번성이라는 개념을 **활기**와 **학습**이라는 두 가지 요인으로 나누어 정의했다. 활기는 에너지와 생동감이 넘치는 상태를, 학습은 지식과 기술의 습득을 의미한다.

활기와 학습이 함께 작용할 때 내는 놀라운 효과는 통계를 통해서도 알 수 있다. 예를 들어 활력 수준이 높고 학습에 대한 욕구가 강한 사람은 활력만 높은 사람에 비해 리더로서 21퍼센트 더 효과적이었다. 건강에 관련된 연구 결과는 더욱 극단적인 결과를 보여주었는데, 활력 수준만 높고 학습 욕구가 약한 사람은 활력과 학습이 모두 높은 사람에 비해 54퍼센트 나쁜 건강상태를 보였다.

조직은 어떻게 직원의 번성을 도울 수 있을까?

어떤 직원들은 환경과 관계없이 번성한다.

이런 사람들은 맡은 업무에 자연스럽게 활력과 학습 욕구를 불어넣고, 주변 사람들에게도 좋은 영향을 준다. 똑똑한 채용담당자라면 놓치지 말아야 할 할 인재라고 볼 수 있다. 그러나 대부분의 직원들은 환경의 영향을 받는다. 번성의 성향을 타고난 직원이라도 중압감을 주는 환경에서라면 타고난 능력을 다 펼치지 못하기 마련이다.

다행인 것은 복잡한 조치나 막대한 투자 없이도 직원들의 번성을 장려하는 문화를 만들 수 있다는 점이다. 관리자들이 시각을 조금 바꾸는 것만으로도 얼마든지 조직 내에 자리잡은 관성을 극복하고 번성과 생산성을 장려할 수 있다.

물론 조직원 모두가 번성의 성향을 타고난 인재라면 더 바랄 게 없겠지만, 그렇지 않더라도 걱정할 필요는 없다. 직원들에게 열정을 불어넣고 이를 유지할 방법은 많기 때문이다. 우리는 연구를 통해 직원의 번성을 돕는 환경을 조성하는 네 가지 메커니즘을 발견했다. 그 네 가지는 바로 의사결정의 재량권 부여, 정보의 공유, 무례함의 최소화, 성과에 대한 피드백 제공이다. 이 네 가지 메커니즘은 조금씩 겹치며 함께 작용한다. 예를 들어 직원들에게 결정권만 주고 제대로 된 정보를 주지 않거나 무례한 반응에 그대로 노출시킨다면 직원들은 번성하기보다는 괴로워할 확률이 높다. 한 가지 메커니즘만으로도 어느 정도의 효과는 있겠지만, 번성의 문화를 만들어가기 위해서는 네 가지 모두 필수적이다. 그럼 지금부터 하나씩 살펴보자.

의사결정의 재량권을 주어라

직급을 막론하고 모든 직원은 자신의 업무에 영향을 미치는 일을 직접 결정할 수 있는 권한을 가질 때 더 큰 열의를 보인다. 권한을 위임받은 직원들은 자신이 진행하는 업무에 대한 통제력을 가지게 된다. 또한, 업무 처리 방식에 대한 의견을 피력할 수 있게 되고, 학습 기회 또한 늘어난다.

의사결정 재량권이나 직원의 번성에 대한 예로 들기에 항공산업은 조금 의외라고 생각하는 이들이 많을 것이다.

그러나 우리가 연구한 알래스카항공은 조직 내에 권한 위임의 문화를 조성함으로써 지난 10년 동안 엄청난 실적 개선을 이뤄낸 모범 사례다. 2000년대 초반 알래스카항공의 실적은 나날이 하락하고 있었다. 이에 경영진은 실적 개선을 위한 '2010 플랜'을 발족하고 직원들에게 알래스카항공이 정시 출발 항공사라는 명성을 지키면서도 서비스를 개선할 수 있는 방법을 물었다. 그러면서 의사결정의 권한을 전적으로 직원들에게 위임했다. 경영진은 직원들에게 지금까지 생각해온 '좋은' 서비스는 모두 잊고 개선에 기여할 새로운 방법을 찾아달라고 했고, 단순히 좋은 서비스가 아닌 감동적인 서비스를 제공할 수 있는 방법을 물었다. 2010 플랜이 가동되며 알래스카항공 대리점들은 비행기를 놓치거나 다른 사정이 생겨 탑승하지 못한 승객들에게 직접 해결책을 찾아줄 수 있는 재량권을 가지게 되었다. 이와 관련해서, 동부지역 책임자인 론 캘빈은 최근 반가운 전화를 받았다고 한다. 5년 전 시애틀 공항 근무를 시작한 이래 단 한 번도 만난 적 없는 고객이 휴대전화로 감사인사를 전해온 것이다. 노부부인 그 고객은 호놀룰루에 머물던 중 3개월 된 손자가 심정지 증상을 보인다는 소식을 듣고 급히 시애틀로 돌아갈 방법을 찾고 있었다. 모든 항공편이 꽉 차 있었지만 론은 여기저기 수소문한 끝에 항공편을 구해주었다. 그 고객은 시애틀에 도착한 후 '무사히 도착했습니다'라는 짤막한 문자를 보내왔다.

정시 출발 원칙을 지키면서도 고객의 개별적인 요청에 귀기울이려 노력한 덕에 알래스카항공은 정시 출발 부문에서 최고의 평가를 받았고, 그 외에도 무수한 상을 수상했다. 뿐만 아니라 하와이, 미 중서부, 대서양 연안 등 새로운 지역으로 항로를 확장하게 되었다.

유쾌한 문화로 잘 알려진 사우스웨스트항공의 사례는 아마 많은 이들이 알고 있을 것이다. 사우스웨스트의 승무원들은 노래를 하고 농담을 던지며 고객들을 즐겁게 해주는 것을 좋아한다. 늘 밝은 에너지를 뿜어내는 이들은 학습에 대한 열정 또한 강하다. 한 승무원은 비행 전 안전수칙을 랩으로 만들어 고객들 앞에서 공연하기도 했다. 그는 자신의 특별한 재능을 업무에 활용했고, 승객들은 그의 노력에 열광했다. 그 승무원 덕에 태어나서 처음으로 비행 중 안전수칙을 제대로 들었다고 말한 승객들도 있었다.

의사결정 자율성은 페이스북 기업 문화의 근간을 이루고 있다. 페이스북의 한 직원은 자신이 사내에서 겪은 일이 놀랍고도 기쁘다며 결정과 실천을 강조하는 페이스북의 모토 '빠르게 움직이고 틀을 깨부숴라Move fast and break things'와 함께 자신의 사연을 담은 게시물을 올리기도 했다. 이 직원은 출근 이틀째에 복잡한 버그를 해결할 방법을 발견했고 이를 자신의 상사에게 보고했다. 직원은 이제 윗선으로 차례로 올라가며 검토를 거치겠거니 짐작했지만, 제품부문 부사장이었던 그의 상사는 그저 웃으며 "적용하게!"라고 말했다. 그는 입사한 지 얼마 되지도 않은 자신이 수백만에게 즉시 적용될 솔루션을 선보이게 됐다는 게 너무나도 놀랍다고 적었다.

직원들이 실수를 한 경우에도 관리자들은 직원의 재량권을 축소해서는 안 된다. 실수야말로 학습을 위한 최적의 기회이기 때문이다. 실수는 당사자뿐 아니라 다른 직원들에게도 간접적인 학습의 기회가 된다.

정보를 공유하라

　　　　　아무런 정보도 주어지지 않은 상태에서 일
을 하는 것은 지루하고 재미없다. 자신이 맡은 업무가 미
치는 영향을 알 방법이 없다면 혁신적인 해결책을 찾고자
애쓸 일도 없다. 사람들은 자신의 업무가 조직의 사명과
전략에 어떻게 맞아떨어지는가를 이해하는 순간 그 업무
에 더욱 효과적으로 기여하게 된다.

　알래스카항공에서는 직원들이 회사의 전략을 더 폭넓
게 이해하도록 경영진이 나섰다. 알래스카항공은 2010
플랜을 발표하며 전통적인 사내 홍보 외에 몇 달에 걸친
순회 설명회와 교육 프로그램을 병행하며 직원들이 아이
디어를 나눌 수 있게 했다. 알래스카항공의 최고경영자와
회장, 최고운영책임자는 지금도 매 분기 각 지역을 돌며
현지 시장의 특이점을 파악하고 필요한 정보를 다른 지

역의 직원들과 나눈다. 고위 경영진의 이러한 활동은 회사에 대한 직원들의 자부심을 높여주었다. 매년 조사하는 알래스카항공의 직원 자부심 지수는 현재 무려 90퍼센트에 이른다.

징거맨스는 미시간 주 앤아버에 위치한 델리 겸 식품업체로, 긍정조직학센터에서 일하는 우리의 동료 웨인 베이커와 가깝게 일한 적이 있는 곳이다. 징거맨스는 정보를 최대한 투명하게 관리한다. 경영진은 설립 초기부터 의도적으로 경영 관련 정보를 숨긴 적이 한 번도 없으며, 재무 관련 정보까지 모든 직원이 볼 수 있도록 게시판에 붙여두곤 했다. 징거맨스의 공동창업자인 애리 바인츠바이크와 폴 사기노는 1990년대 중반에 오픈북 경영open book management을 공부하며, 단순한 정보 공개에 그치지 않고 직원들을 운영이라는 '본 게임'에 참여하게 하면 직원들 모두가 더 큰 흥미를 느끼게 될 것임을 확신하게 되었다.

오픈북 경영을 정식으로 도입하고 시행하는 것은 생각보다 쉽지 않았다. 직원들은 경영 정보가 공개되어 있다는 것은 알았지만 큰 관심을 보이지 않았고, 각종 경영 관련 데이터가 자신이 매일 하는 업무와 무슨 관련이 있는지 이해하지 못했다. 처음 5~6년 동안은 오픈북 경영이라는 개념을 징거맨스의 일상적인 시스템에 정착시키는 것이 쉽지 않았다. 직원들은 경영진이 도입한 '작전회의' 제도를 피곤해했다. 작전회의는 일종의 주간 회의로, 모두가 칠판 앞에 모여 지난 성과를 검토하며 점수를 매기고 다음 주의 성과를 예측해보는 자리였다. 직원들은 오픈북 경영의 규칙을 이해했지만, 한편으로는 그러지 않아도 바쁜데 굳이 회의를 하나 더 추가하는 이유가 무엇인지 납득하지 못했다. 직원들은 경영진이 작전회의 참석은 모든 직원의 의무라고 못박은 후에야 이 새로운 회의의 의미를 깨닫기 시작했다. 회의에서는 단순한 재무 관련 사항만이 아니라 서비스와 메뉴의 품질 관련 사항, 고객들의 평균 지출액, 내부적인 만족도 등 직원들과 직접적인 관련이 있는 사항들이 논의되었다. 경연대회나 고객 만족도 조사, 혁신 아이디어 등 재미를 주는 요소도 빠지지 않았다.

일부 징거맨스 매장들은 운영상의 문제점을 발견하거나 활용 가능한 기회를 찾아낸 직원에게 단기적인 보상을 제공하는 '미니 게임'을 도입하기도 했다. 일례로, 징거맨스 로드하우스 레스토랑은 고객을 응대하기까지 걸리는 시간을 체크하고 이를 단축하기 위해 응대 게임을 시작했다. 응대가 늦어지면 고객만족도가 떨어질 수밖에 없고, 늦은 응대에 대한 보상으로 음식을 무상 제공하는 일이 잦아짐에 따라 매출에도 영향이 있었기 때문이다. 응대 게임의 규칙은 간단했다. 고객이 자리에 앉은 지 5분 이내에 응대를 하는 것이었다. 레스토랑을 방문하는 모든 고객을 5분 안에 응대하겠다는 목표를 50일 동안 달성하면 안내직원들에게 50달러의 보상이 주어졌다. 안내직원들은 게임에 참여하며 그간의 문제점을 찾아내 빠르게 해결해나갔다. 게임을 시작한 지 한 달 만에 서비스 점수가 대폭 개선되었다. 다른 매장에서도 비슷한 형식의 게임을 도입해 음식이 나오는 시간을 단축하고, 베이커리 부문에서 칼에 베이는 부상을 줄여나가고(보험료 감소와 관련), 주방을 더 깔끔하게 관리할 수 있게 되었다.

이러한 게임들은 칭찬할 점과 반성할 점을 함께 돌아보게 한다. 때로는 그로 인해 직원들의 사기가 저하되거나 내부에 긴장감이 돌기도 했지만, 전반적으로는 고객응대 직원들의 주인의식 강화와 성과 개선으로 이어졌다. 2000년에서 2010년까지 10년이라는 기간 동안 징거맨스의 매출은 거의 300퍼센트 증가해 3,500만 달러에 달했다. 경영진은 이 같은 성공의 핵심 요소로 오픈북 경영을 꼽았다.

징거맨스에는 경영진의 주장이 사실임을 보여주는 일화가 꽤 많다. 몇 년 전 로드하우스 레스토랑에서 있었던 애리 바인츠바이크의 강연 중에 일어난 일도 그중 하나다. 강연 도중 한 참가자가 바인츠바이크에게 평범한 웨이터나 테이블 정리 직원이 기업의 전략과 재무상태를 이해하는 것이 현실적으로 가능한 일인지를 물었다. 질문을 받은 바인츠바이크는 자신들의 대화에 귀기울이고 있지 않던 한 십대 직원에게 로드하우스 매장이 주간 목표를 달성하는 데 얼마나 성공적이었는지를 설명해달라고 요청했다.

테이블 정리를 담당하는 그 직원은 전혀 당황하지 않고 징거맨스의 비전을 자기 나름의 표현으로 차근차근 설명했고, 로드하우스가 그 주에 메뉴 반품률을 줄이는 데 어떤 성과를 냈는지를 이야기해주었다.

징거맨스는 비교적 작은 기업에 속하지만, 홀푸드나 운송업체 YRC 월드와이드 같은 큰 기업들 중에서도 오픈북 경영을 도입한 곳이 있다. 정보를 널리 공유하는 시스템은 조직 내 신뢰를 구축하고, 조직 구성원 모두에게 바른 의사결정에 필요한 지식을 제공해 직원들의 자신감을 키워준다.

무례함을 최소화하라

조직 내에서 발생하는 무례함은 많은 비용을 초래한다. 애리조나 주립대학 선더버드 글로벌 경영대학원의 크리스틴 피어슨 교수의 연구에 따르면, 일을 하며 무례함을 경험한 직원 중 절반은 업무 시 의도적으로 노력의 레벨을 낮춘다고 한다. 응답자의 삼분의 일 이상은 일부러 업무의 질을 떨어뜨린다고 답했고, 삼분의 이는 무례하게 구는 직원을 피해 다니느라 많은 시간을 쓴다고 답했으며, 비슷한 수의 응답자가 업무 성과가 저하되었다고 답했다.

아마 대부분의 사람들이 직장에서 무례한 일을 겪어봤을 것이다. 다음은 우리가 연구를 진행하며 응답자들에게 들은 예시다.

"상사가 분석 자료를 준비하라고 지시했어요. 처음 하는 일이었는데, 따로 지침이나 참고할 만한 예시 자료도 주지 않았어요. 나중에 분석 자료를 드리니 형편없다고 뭐라고 하더군요."

"제가 무슨 말을 하니까 상사가 말을 끊으며 '자네 생각을 알고 싶었다면 내가 물어봤겠지'라고 말한 적이 있어요."

"서류에서 클립을 빼서 쓰레기통에 버렸는데 그걸 본 상사가 낭비가 심하다고 질책했어요. 결국 제 부하 직원 열두 명 앞에서 쓰레기통 속의 클립을 꺼내라고 하더군요."

"동료들이 다 있는 자리에서 상사가 스피커폰으로 '일 처리가 유치원생 수준'이라고 말했어요."

연구를 진행하며 이런 이야기를 수백 건은 들었다. 슬프게도 직장인이라면 누구나 익숙할 얘기지만, 이런 무례함으로 인해 발생하는 비용에 대한 논의는 거의 없다.

직장 내의 무례한 행동은 직원들의 번성을 막는다. 무례한 행동에 자주 노출되는 직원은 스스로도 무례하게 변해간다. 이들은 동료의 업무를 의도적으로 방해하고, 업무 공유 목록에 동료 이름을 넣는 것을 '깜빡'한다. 무례한 사람의 공격을 받은 사람들은 관심을 다른 사람들에게 돌리기 위해 소문을 퍼뜨리기도 한다. 또 다른 공격을 피하기 위해 사소한 것에 집착하게 되고, 그 과정에서 학습의 기회를 놓치게 되기도 한다.

우리가 이번에 연구를 진행한 케이맨컨설팅은 워싱턴 주 레드몬드에 위치한 경영컨설팅 회사로, 기존의 대형 컨설팅업체들에 대한 대안으로 설립된 곳이다. 케이맨은 서로를 정중하게 대하는 문화로 유명하다. 채용 전 진행하는 배경조사 항목에는 지원자의 예의와 정중함도 포함되어 있다.

"모든 사람은 흔적을 남깁니다. 서로 조심하고 배려하면 조직에 해로운 문화에서 벗어날 수 있습니다." 케이맨컨설팅의 이사 그레그 롱의 말이다. 운영이사 라지 이맘은 이렇게 말한다. "직원들 간에 무례하게 대하거나 심하게 몰아세우는 행동은 절대 용납하지 않습니다." 그러한 일이 발생하면 이맘은 규정을 어긴 직원을 따로 불러 회사의 정책을 명확하게 설명한다. 그레그 롱은 케이맨의 직원 유지율이 95퍼센트에 이르는 것은 이러한 문화 덕분이라고 설명한다.

케이맨컨설팅은 아무리 자격 요건이 뛰어나도 회사 문화에 맞지 않는 지원자는 걸러낸다. 자사 문화에 적합할 사람의 명단을 작성해두었다가 적절한 자리가 나면 연락을 취하기도 한다. 인사담당 이사 멕 클라라는 지원자들을 심사할 때 대인관계 역량과 감정지능을 중점적으로 검토한다.

여느 기업과 마찬가지로 케이맨에서도 예의 바른 문화를 사내에 정착시키는 것은 관리자들의 몫이다. 단 한 사람만 무례하게 굴어도 이러한 문화는 흔들린다. 다른 회사에서 일하는 한 젊은 관리자가 우리와 얘기를 나누던 중 자신의 상사에 대해 얘기한 적이 있다. 이 상사는 오타 같은 사소한 일에도 "어떻게 이런 실수를 해!"라며 사무실에서 고래고래 소리를 질러대곤 한다고 했다. 상사의 목소리가 온 층에 울려퍼질 때마다 근무 중인 직원들은 위축됐고, 질책의 대상이 된 직원은 무안함에 쩔쩔매야 했다. 이런 일이 있으면 직원들은 휴게실에 모여 커피를 마시며 야단맞은 직원을 위로하곤 한다는데, 회사에서 잘나갈 방법을 논의하거나 상사의 터무니없는 비난에 흔들리지 말자는 다짐보다는 상사에게 복수하겠다거나 회사를 그만두겠다는 내용이 주를 이룬다고 한다.

연구를 진행하면서 우리는 직원 채용 시 지원자의 정중함이나 무례함을 고려사항에 넣는 회사가 별로 없다는 사실에 깜짝 놀랐다. 기업 내 문화는 전염성이 있고, 직원들은 환경에 동화되기 마련이다. 다시 말해, 예의 바른 직원을 채용하면 그 태도가 조직 문화에 스며들 가능성이 높아진다는 얘기다(아래 글 참고).

번성을 위한 개인의 전략

직원의 번성은 분명 조직 전체에도 도움이 되는 일이지만, 신경 쓸 것이 많은 리더의 입장에서는 이 중요한 임무를 깜빡할 수도 있다. 그러나 적절한 전략만 있다면 조직 차원의 지원 없이도 누구나 배움과 활력을 통해 번성할 수 있다. 번성은 전염성이 강하므로 번성을 장려하는 분위기는 순식간에 조직 곳곳으로 퍼져나갈 것이다.

1. 휴식을 취하라

짐 로허와 토니 슈워츠의 연구는, 휴식을 포함한 머리를 식히는 활동들은 길이와 상관없이 긍정적인 에너지를 만든다는 것을 밝혀냈다.

우리는 매 학기 강의를 시작할 때 학생들에게 수업 중간에 휴식을 취하거나 다른 활동을 할 시간을 미리 정하라고 한다. 그렇게 하는 것이 강의 내내 활기를 유지하는 데 좋기 때문이다. 어떤 학기에는 수업시간이 절반 지나면 2분간 멈추고 활동적인 일을 해보기로 하고, 매주 네 명씩 조를 짜서 그 2분간 할 수 있는 활동을 준비해왔다. 유튜브 영상을 시청하거나 다 같이 라인댄스를 추기도 했고, 게임을 하기도 했다. 학생들은 휴식을 기획하는 과정에서 강의실에 활기를 불어넣는 활동을 연구하고 다른 학생들과 함께 나눌 수 있었다.

조직 차원에서 직원들의 휴식을 위한 별도의 활동을 제공하지 않더라도 짧은 산책이나 자전거 타기, 공원에서 점심 먹기 등은 누구나 할 수 있다. 이러한 활동을 중시하는 사람들은 회의 등의 일정과 겹치지 않도록 미리 일정표에 적어두기도 한다.

2. 담당 업무를 더 의미 있게 만들라

주어진 업무를 무시하고 다른 일을 하는 것은 곤란하지만, 하고 있는 일을 더욱 의미 있게 만들어줄 수 있는 기회는 얼마든지 붙잡을 수 있다. 큰 단체의 부설 정책연구소에서 행정직원으로 일하는 티나가 좋은 예다. 직속 상사가 6개월간 안식휴가를 떠나자 그 기간 동안 그녀는 조직 내에서 진행할 만한 다른 일을 찾아야 했다. 하고 싶은 업무를 찾던 티나는 직원들이 조직에 대한 의견을 자신 있게 얘기할 수 있도록 돕는 역량 개발 프로젝트가 막 시작되었다는 걸 알게 되었다. 추진을 위해서는 혁신적인 태도가 필요한 업무였다. 급여는 원래 하던 업무보다 낮았지만 업무의 성격이 티나에게 잘 맞아 늘 활기가 넘쳤다. 상사가 안식

휴가를 마치고 돌아온 후 티나는 업무 조건에 대한 재협상에 들어갔고, 근무시간 중 80퍼센트는 연구소 행정업무에 할애하고 나머지 20퍼센트는 직원 역량 개발 프로젝트를 진행하기로 했다.

3. 혁신과 학습의 기회를 찾으라

굳어진 현재의 틀을 벗어나보는 것 또한 번성에 필요한 배움의 기회를 불러올 수 있다. 중서부 지역 명문고 교장으로 부임하게 된 로저는 혁신적인 아이디어들을 펼쳐볼 의욕에 들떠 있었다. 그러나 얼마 지나지 않아 교직원 상당수가 새로운 시도에 부정적이라는 사실을 깨닫게 되었다. 로저는 부정적인 직원들의 우려에 귀기울이는 한편 이들의 참여를 끌어내기 위해 노력했다. 그러나 더 큰 노력을 기울인 일은 따로 있었다. 로저는 자신과 마찬가지로 혁신적 아이디어를 실현해보고자 하는 열정을 지닌 직원들에게 성장과 학습의 기회를 제공하는 데 집중했다. 혁신에 긍정적인 직원들을 장려하면서 로저의 노력은 작은 성공을 거두기 시작했고, 곧 추진력을 더해갔다. 반대하던 이들 중 일부는 결국 학교를 떠났지만, 남은 이들은 학교에 나타나는 긍정적인 신호를 보고 변화에 동참했다. 로저는 반대하는 사람들에게 집중하기보다는 혁신의 기회에 집중함으로써 새로 부임한 학교를 완전히 다른 미래로 이끌 수 있었다.

4. 활기를 주는 관계에 투자하라

똑똑하기는 한데 어딘지 모르게 같이 일하기 힘들고 피곤한 사람들이 있다. 번성하는 사람들은 활기를 주는 이들과는 더 가까이 일하고 에너지를 갉아먹는 이들과의 교류는 최소화한다. 우리 역시 번성에 대해 연구할 팀을 꾸릴 때 같이 있으면 즐겁고 활기가 넘치는 이들, 같이 보낼 시간이 기대가 되고 뭔가를 배울 수 있을 것 같은 이들 위주로 꾸렸다. 연구팀의 회의를 시작할 때도 늘 좋은 소식이나 서로에 대한 감사로 좋은 관계를 쌓아가기 위한 노력을 게을리하지 않는다.

5. 번성을 회사 밖으로 이어가라

흔히들 회사 일에만 집중하다 보면 개인의 삶에서 번
성할 수 있는 능력이 떨어질 것이라 생각한다. 그러
나 연구에 따르면 업무에 대한 열의는 오히려 개인의
삶에서의 번성을 돕는다. 우리 중 한 명(그레첸)이 바
로 그런 예다. 그레첸은 남편의 난치병 진단으로 힘겨
운 시간을 보내던 때를 떠올리며, 비록 일이 힘들기는
했지만 일이 주는 에너지 덕에 직장에서도 가정에서
도 번성할 수 있었다고 얘기한다. 번성은 제로섬 게임
이 아니다. 직장에서 활기를 느끼는 사람들은 그 활기
를 퇴근 후의 삶으로도 이어가는 경우가 많다. 마찬가
지로 직장 밖에서 자원봉사나 달리기 훈련, 수업 참여
등을 통해 얻은 영감이 업무에 대한 열정으로 이어지
기도 한다.

성과에 대한 피드백을 주어라

피드백은 직원들에게 배움의 기회를 주고, 조직 내 번성의 문화를 조성하는 데 필요한 에너지를 만들어낸다. 피드백은 불확실성을 해소함으로써 업무 시 개인의 목표와 조직의 목표에 집중할 수 있게 해준다. 피드백은 신속할수록, 그리고 직접적일수록 더 유용하다.

앞서 소개한 징거맨스의 작전회의에서는 개별 직원의 업무에 대한 사항과 기업의 실적에 대한 정보를 거의 실시간으로 공유한다. 관리자들은 칠판에 일별 현황을 적어 공유하고, 직원들은 이 현황들을 완벽하게 숙지한 후 필요한 경우 해결책을 내놓는다. 회의에서는 고객들의 칭찬과 불만을 담은 '코드 레드code reds' 카드와 '코드 그린code greens' 카드의 내용도 공유한다. 직원들은 즉각적이고 구체적인 피드백을 바탕으로 배우고 성장해간다.

직원들의 실적을 측정하고 이에 대한 보상을 제공하는 노력에 있어서는 모기지 대출업체인 퀵큰론즈를 따라올 기업이 없다. 퀵큰론즈는 주식 시황판 형태로 필요한 정보를 보여주는 '티커ticker' 대시보드와 직원들의 업무현황을 한눈에 보여주는 '칸반kanban'('간판'을 의미하는 일본어로, 기업 운영에 자주 활용된다) 대시보드를 활용해 실적 피드백을 지속적으로 업데이트한다.

티커 대시보드는 직원 개개인 혹은 특정 그룹 관련 수치를 볼 수 있는 여러 개의 패널로 구성되어 있는데, 실시간 데이터 피드로 그날의 목표 달성 여부 또한 확인할 수 있다. 사람은 점수와 목표에 반응하기 마련이라 직원들은 이 수치를 보며 자기 자신의 실적과 경쟁하고 근무시간 내내 높은 에너지 레벨을 잃지 않는다.

관리자들은 칸반 대시보드를 활용해 직원들의 성과를 트래킹하며 특정한 지원이 필요한 이들에게 실시간으로 도움을 제공할 수 있다. 모니터 화면에도 띄울 수 있는 칸반 차트에는 수치별로 상위 15명의 영업사원 명단이 번갈아 표시된다. 직원들은 이 명단에 이름을 올리기 위해 끊임없이 경쟁한다. 비디오 게임 플레이 후 나오는 점수 랭킹에 이름을 올리려고 경쟁적으로 플레이하는 것과 마찬가지다.

물론 끊임없는 피드백이 직원들에게 압박감이나 중압감을 줄 수도 있다. 그러나 퀵큰론즈에는 구성원들 간의 예의와 존중을 중시하는 문화가 있다. 뿐만 아니라 직원들에게 업무 방식에 대한 발언권이 충분히 주어지기 때문에 이러한 피드백이 압박이 아닌 활력과 성장의 동력이 된다.

세계적인 로펌 오멜버니앤마이어스에서는 구성원들의 번성을 돕기 위해 360도 평가, 즉 다면평가를 적극 활용한다. 직원들이 360도 평가를 통해 받아보는 피드백은 타인의 평가를 그대로 옮긴 것이 아닌 요약본이다. 내용 또한 최종적인 것이 아니라 언제든 수정 가능하다. 이러한 특성 덕에 360도 평가 요청에 대한 직원들의 응답률은 97퍼센트에 달한다. 로스앤젤레스 사무소의 경영대표 변호사 카를라 크리스토퍼슨은 360도 평가 피드백을 통해 근무 방식을 개선하게 되었다. 많은 이들이 카를라의 근무 방식이 조직이 지향하는 일과 삶의 균형 방침과 맞지 않으며, 이것이 직원들에게 압박감을 유발한다는 피드백을 주었기 때문이다. 카를라는 사무실에서 보내는 시간을 줄였고, 가끔씩 주말에 일을 해야 할 때도 출근하지 않고 집에서 간단하게 처리할 수 있는 업무로 제한했다. 이러한 노력으로 카를라는 일과 삶의 균형에서 모범을 보였고, 직장 밖의 삶을 즐기고자 하는 직원들의 걱정을 덜어줄 수 있었다.

직원 번성을 돕기 위한 네 가지 메커니즘은 엄청난 노력이나 막대한 비용투자 없이도 도입할 수 있다. 도입을 위해 가장 필요한 것은 직원들에게 권한을 위임하는 것과 번성의 문화를 확립하려는 리더의 의지다. 앞에서도 살펴봤듯 각각의 메커니즘은 번성을 위해 필요한 각기 다른 환경을 제공한다. 원하는 것 한두 가지만 골라 투입하는 것은 불가능하다. 각각의 메커니즘이 상호작용을 하며 서로를 강화하기 때문이다. 회사의 상황에 대한 투명한 정보 없이 의사결정권만 준다면 과연 직원들이 제대로 된 결정을 내릴 수 있을까? 무례한 동료나 상사에게 비웃음을 살까봐 염려되는 상황에서 효과적인 결정을 내릴 수 있을까?

직원들이 번성할 수 있는 환경을 조성하기 위해서는 끊임없이 주의를 기울여야 한다. 직원들의 성장을 돕고 일터에 활기를 불어넣는 것은 그 자체로도 의미 있는 일이지만, 직원들의 번성이 기업의 성과를 지속가능한 방식으로 향상시킨다는 점 또한 기억해둘 만하다.

6
직장에서의 행복에 대한 또 다른 연구

세상에 다 좋은 것은 없다

by 앙드레 스파이서, 칼 세데르스트룀

앙드레 스파이서 André Spicer
런던 카스 경영대학원에서 조직행동학 교수로 재직 중이다.

칼 세데르스트룀 Carl Cederström
스톡홀름대학에서 조직이론을 강의하고 있는 조교수다. 앙드레 스파이서와
함께 『건강 신드롬』을 집필한 바 있다.

최근 우리는 각자 다니는 직장에서 열린 동기부여 강연회에 참석했다. 두 강연 모두 행복에 대한 복음을 전파하는 데 여념이 없었다. 한 강연에서는 연사가 행복이 우리를 더 건강하고 친절한 사람으로 만들어주며, 생산성과 승진 확률까지 높여준다고 장담했다.

다른 한 강연은 더 심했다. 참가자들의 몸을 기쁨으로 채우겠다며 억지로 일어나서 춤을 추게 했다. 결국 그 강연장을 빠져나와 화장실로 피신해야 했다.

1920년대 중반 시카고의 호손 공장에서 작업장의 조

도와 생산성의 관계를 찾아보겠다며 실험을 시작한 이래, 학자들과 경영자들은 하나가 되어 직원들의 생산성을 높이기 위한 방법을 찾아 헤매왔다. 최근 들어서 경영계에서 생산성 증진의 수단으로 주목하는 것은 행복이다.[1] 기업들은 행복 코칭과 팀 빌딩team-building 훈련에 투자하고, 게임과 '펀설턴트funsultant'를 동원하는가 하면, 최고행복책임자를 고용하기도 한다(그렇다. 실제 구글에 존재하는 직함이다). 얼핏 듣기에는 헛웃음이 나오는 기이한 직함이며 활동들이지만, 기업들은 아주 진지하다. 그런데 정말 그래야 할까?

우리는 강연회의 춤 사건 이후 일터에서의 행복에 대한 연구들[2]을 살펴보았다. 관련 연구들을 자세히 들여다보면, 직장에서의 행복 장려가 과연 늘 긍정적인 것인지 명확하지 않은 경우가 많다. 물론 행복한 직원이 이직률이 낮고, 고객만족도가 높으며, 업무를 더 안전하게 처리하고, 조직시민행동에 나설 확률 또한 높다는 연구 결과도 있다. 그러나 다른 방향의 결과를 보여주는 연구들도 있다. 이러한 연구들은 우리가 직장과 행복에 대해 당연히 진리라 믿었던 것들이 사실은 잘못된 믿음이었음을 보여주기도 한다.

우리는 행복이 무언지 정확히 알지 못하며 그 측정 방법 또한 모호하다. 행복을 측정하는 것은 영혼의 온도를 재거나 사랑의 정확한 색깔을 알아내는 것만큼이나 어려운 일이다. 역사학자 대린 M. 맥마흔의 저서『행복의 역사』에는 기원전 6세기 크로이소스 왕이 "살아 있는 자 누구도 행복하지 않도다"라고 외쳤다는 일화가 등장한다. 그후로 행복이라는 모호한 개념은 즐거움, 기쁨, 충만감, 만족감 등 온갖 다른 감정의 대리인으로 활약해왔다. 새뮤얼 존슨은 현재의 행복은 술에 취함으로써만 얻을 수 있다고 말했고,[3] 장 자크 루소는 행복이란 배에 누워 정처 없이 떠다니며 신이 된 기분을 느끼는 것이라고 말했다 (딱히 생산적인 상상은 아니다). 행복에 대한 다른 정의도 많지만, 그 정의들 또한 새뮤얼 존슨이나 장 자크 루소의 정의만큼 모호하다.

현대에 들어 기술이 발전하기는 했지만, 행복에 대한 정의가 더 명확해진 것은 아니다. 윌리엄 데이비스는『행복산업』에서 감정을 측정하고 행동을 예측하는 인류의 기술이 발전하기는 했지만 인간이 무엇인지, 행복의 추구가 무엇인지 등에 대한 생각은 오히려 더 단순화되었다는 결론을 내렸다. 여기저기 번쩍거리는 뇌 스캔 화면을 보다 보면 모호하기 짝이 없는 감정의 실체를 잡은 것 같은 착각이 들지만 사실은 그렇지 않다는 얘기다.

행복이 꼭 생산성의 증대로 이어지는 것은 아니다. 행복과 생산성에 관한 연구들을 들여다보면 (종종 '직업만족도'라고 정의되기도 하는) 행복과 생산성의 관계에 대해 논란의 여지가 있는 결과를 내놓은 연구도 있다.[4] 심지어 영국의 한 슈퍼마켓 체인에 대한 연구에서는 직원들의 만족도와 생산성 사이에 반비례 관계가 있을 수 있다는 결과가 나오기도 했다. 직원의 만족도가 낮은 매장일수록 수익이 더 컸던 것이다.[5] 물론 직업만족도가 높을수록 업무 생산성이 높다는 결과를 보여주는 연구도 있다. 그러나 그러한 경우에도 전반적으로 봤을 때 행복과 생산성의 상관관계가 그리 강하지 않았다.

행복은 우리를 지치게 만들기도 한다. 혹자는 이 말을

듣고 행복의 추구가 늘 효과적인 것은 아니지만 추구 자체가 잘못된 건 아니지 않느냐고 따져 물을 수도 있겠다. 그러나 그것은 틀린 말이다. '행복해져야 한다'는 완수할 수 없는 책무가 많은 이들에게 무거운 짐이 되고 있다는 지적은 이미 18세기부터 쭉 있어왔다. 행복에 집중함으로써 덜 행복해지는 것이다.

최근 진행된 한 연구 또한 이러한 사실을 보여준다.[6] 실험 참가자들에게 행복한 내용의 영화를 보여준 후 얼마나 행복한지를 묻는 연구였다. 한 피겨스케이팅 선수가 메달을 따는 내용의 영화였는데, 영화를 보기 전 참가자 중 절반에게는 행복의 중요성에 대한 선언문을 소리내어 읽게 했고, 나머지 절반에게는 그냥 영화를 보여주었다. 결과는 어땠을까? 놀랍게도 영화를 보기 전 선언문을 읽은 집단이 영화를 본 후 **덜** 행복해한 것으로 나타났다. 행복이 의무가 되는 순간 사람들은 그것을 성취하지 못했을 때 우울해한다.

행복을 일종의 도덕적 의무로 설파하는 현대사회에서 이는 특히 더 큰 문제가 될 수 있다.[7] 프랑스의 철학자 파

스칼 브뤼크네르가 말했듯 "이제 불행은 단순한 불행이 아니라 그보다 더 비참한 것, 행복에 실패한 상태"가 된 것이다.[8]

행복이 꼭 업무를 수월하게 만들어주는 것도 아니다. 고객을 직접 접객하는 일을 해본 사람이라면, 콜센터나 패스트푸드점 같은 곳에서 쾌활함은 선택이 아닌 의무라는 점을 잘 알고 있을 것이다. 하루 종일 밝은 모습을 유지하는 게 쉬운 일은 아니지만, 고객을 직접 접하는 일이라면 왜 그래야 하는지 이해라도 된다.

그런데 요즘에는 고객을 직접 만날 일이 없는 업종에 종사하는 사람들에게조차 밝은 태도를 요구하는 경우가 많다. 무조건적인 쾌활함은 일부 직종에서는 부정적인 결과를 초래할 수도 있다. 한 연구에 따르면, 기분이 좋은 사람들은 그렇지 않은 사람들에 비해 상대의 속임수를 잘 알아채지 못했다고 한다.[9] 또 다른 연구는, 화난 사람이 행복한 사람보다 협상에서 더 나은 결과를 얻어낼 가능성이 높다고 했다.[10] 결론적으로 일터에서의 행복이 모든 면에서 좋은 것은 아니며, 날카로운 판단이나 협상력을 필요로 하는 직종에서는 오히려 좋지 않은 결과를 불러올 수도 있다. 실제로 어떤 경우에는 행복이 업무 성과를 저하할 수도 있는 것이다.

행복은 상사와의 관계에도 좋지 않은 영향을 줄 수 있다. 직장을 행복을 추구하는 곳으로 생각하기 시작하면 직장 상사를 대리 부모나 대리 배우자로 생각하는 실수를 저지르기도 한다. 수잔나 에크만이 미디어 기업을 상대로 한 연구에서 밝힌 바로는, 일이 자신을 행복하게 만들어 주기를 기대하는 이들은 감정적인 의존성이 강해진다고 한다.[11] 이러한 직원들은 관리자에게 끊임없이 인정과 감정적 확인을 바라는 경향을 보이는데, (직장생활에서 으레 그렇듯) 본인이 원하는 감정적 반응을 얻지 못하면 소외감을 느끼고 과민한 반응을 보였다. 이들은 또한 직장에서 겪는 작은 차질도 상사의 거부로 해석하는 경향을 드러냈다. 여러 가지 면에서, 직장 상사에게서 행복을 기대하는 것은 우리를 감정적으로 취약하게 만든다.

행복은 친구나 가족과의 관계에도 악영향을 줄 수 있다. 사회학 교수인 에바 일루즈는 『감정 자본주의』에서 사람들이 일터에서 감정을 드러내려는 경향을 보이면서 오히려 개인생활을 일종의 업무로 취급하기 시작하는 기이한 부작용이 나타났다고 밝혔다. 이러한 경향을 보인 사람들은 직장에서 학습한 다양한 도구와 기술을 활용해 회사 밖의 삶을 주의 깊게 관리하려 했고, 그 결과 이들의 가정생활은 점점 차갑고 계산적으로 변해갔다. 책을 쓰며 만난 이러한 성향의 사람들이 집보다는 회사에서 보내는 시간을 더 좋아했음은 말할 나위 없다.

행복은 또한 실직을 실제보다 더 절망적으로 느끼게 한다. 삶의 행복과 의미를 직장에서 찾기 시작하면 직장에 대한 우리의 의존도는 위험할 정도로 높아진다. 사회학 교수인 리처드 세넷은 전문직 종사자들에 대한 연구를 바탕으로 직장에서 의미를 찾으려 하는 사람일수록 해고로 인한 충격이 크다는 것을 알게 되었다.[12] 이들에게 실직은 단순한 수입원의 상실이 아니라 행복에 대한 약속의 상실이다. 이 연구가 보여주듯, 일을 행복의 중요한 근원으로 여기다 보면 조직에 어떤 변화가 생겼을 때 감정적으로 취약해질 위험이 있다. 이는 조직 개편이 수시로 발생하는 현대사회에서 특히 위험할 수 있다.

　행복은 우리를 이기적으로 만들기도 한다. 대개 행복이 우리를 더 나은 사람으로 만들어준다고 생각하지만, 한 흥미로운 연구 결과에 따르면 꼭 그렇지만도 않다.[13] 이 연구에서는 참가자들에게 복권을 여러 장 나눠준 후 자신의 몫과 타인에게 나눠줄 몫을 알아서 정하도록 했다. 실험 결과 분배 당시 기분이 좋았던 사람들이 그렇지 않은 사람들보다 자기 몫의 복권을 더 많이 챙겼다고 한다. 이 실험의 결과는 적어도 특정한 상황에서는 행복이 반드시 아량을 의미하지는 않는다는 것을 보여준다. 적어도 위의 실험에서는 그 반대의 경우가 성립했다.

　마지막으로, 행복은 우리를 외롭게 만들 수도 있다. 한 실험에서 심리학자들이 일군의 사람들에게 2주 동안 자신의 일상을 자세히 적은 일기를 매일 쓰라고 했다. 이 일기를 분석한 결과 행복에 큰 의미를 두는 사람은 그렇지 않은 사람에 비해 외로움을 많이 느꼈음이 드러났다.[14] 행복에 대한 지나친 집착이 타인과의 단절감을 불러올 수도 있는 것이다.

그렇다면 수많은 증거에도 불구하고 행복이 직장을 개선할 수 있다는 믿음을 놓지 않는 이유는 무엇일까? 한 연구에 따르면, 여기에는 심미적인 이유와 이념적인 이유가 존재한다. 우선 행복은 어디 내놓아도 보기 좋은 편리한 개념이다(심미적 이유). 게다가 갈등이나 사내 정치 같은 딱딱하고 불편한 주제에서 벗어나게 해주는 그럴듯한 개념이기도 하다(이념적 이유).[15]

행복한 사람이 일도 잘한다는 가정만 있으면 다른 불편한 주제들은 간단히 무시해버릴 수 있다. 누구나 결심만 하면 행복해질 수 있다고 믿는 사회에서는 더욱 그렇다. 행복에 대한 강조는 직장에서 부정적인 태도를 가진 인물들, 분위기를 깨는 사람, 늘 불행해 보이는 사람 등 조직이 원치 않는 구성원을 처리하는 편리한 도구가 된다. 행복이라는 애매한 개념은 해고 등 논란을 일으킬 만한 결정을 할 때 들먹이기에도 편하다. 바버라 에런라이크는 『긍정의 배신』에서 행복에 대한 긍정적인 메시지는 위기의 시대나 대량 해고의 시대에 특히 더 인기를 끈 것으로 확인되었다고 언급하기도 했다.

우리는 직장에서 행복을 강조하는 행위가 지닌 이 모든 잠재적인 문제점을 고려할 때, 이제는 일이 우리를 행복하게 만들어야 한다는 기대를 재고할 때가 되었다고 생각한다. 직장에서의 행복 강조는 우리를 지치게 하고 예민하게 만든다. 개인생활의 의미를 갉아먹는가 하면 감정적 취약성을 높이기도 한다. 행복은 우리를 잘 속아 넘어가게, 이기적이게, 외롭게 만들 수 있다. 그리고 결정적으로, 행복에 대한 의식적 추구는 우리가 실제 좋은 경험에서 얻을 수 있는 기쁨을 느끼지 못하게 할 수도 있다.

현실 세계에서 일은 (우리 삶을 이루는 많은 것들과 마찬가지로) 다양한 감정을 느끼게 한다. 만약 지금 하고 있는 일이 의미 없고 우울하게 느껴진다면, 아마 그 일이 *실제로* 의미 없고 우울한 것일 수도 있다. 그렇지 않은 척 현실을 외면하는 것은 사태를 더 악화시킬 수 있다. 행복은 물론 우리를 즐겁게 하는 경험이지만, 억지로 만들어낼 수 있는 것은 아니다. 어쩌면 일을 통해 행복을 찾고자 하는 지나친 노력을 줄인다면 일을 통한 기쁨을 더 느낄 수 있을지도 모른다. 인위적이고 강압적인 감정이 아닌 자연스럽고 즐거운 기쁨 말이다. 결정적으로 우리는 일을 일 그 자체로 바라볼 수 있게 될 것이다. 기업의 임원들, 직원들, 춤추는 동기부여 강연자들이 보여주려 애쓰는 모습이 아닌 있는 그대로의 일 말이다.

7
행복의 함정

무조건 행복해져야 한다는 생각에 대해

by 앨리슨 피어드

앨리슨 비어드 Alison Beard

「하버드비즈니스리뷰」의 수석 편집자다.

행복에 관한 글은 늘 나를 의욕상실 상태로 만든다. 행복을 얻는 방법을 알려주겠다는 조언이 많아도 너무 많기 때문이다. 프레더릭 르누아르가 『행복을 철학하다』에서 언급했듯, 위대한 사상가들은 무려 2,000년이 넘는 기간 동안 이 주제에 대한 토론을 이어왔다. 그러나 행복에 관한 의견은 여전히 분분하다. 당장 아마존만 검색해봐도 자기계발서 중 '행복'을 카테고리로 하는 도서의 수가 1만 4,700권에 달하고, 같은 카테고리에 태그된 테드 강연은 55건에 달한다. 무엇이 우리를 행복하게 할까? 건강,

돈, 사회적 관계, 목표, '몰입flow', 아량, 감사하는 마음, 내면의 평화, 긍정적인 사고…. 지금까지 진행된 행복에 관한 수많은 연구에 따르면, 이 모든 것이 정답이 될 수 있다. 사회과학자들은 감사할 거리 찾아보기, 매일 10분간 명상하기, 억지로 웃어보기 등 단순한 행동으로도 행복해질 수 있다고 말한다.

그러나 나를 비롯한 많은 이들에게 행복은 여전히 모호한 개념이다. 침대 머리맡에서 아이에게 책을 읽어주는 순간, 평소 존경해온 명사를 인터뷰하는 순간, 힘들었던 원고를 마치는 순간 등 기쁨이나 만족을 느끼는 순간은 존재한다. 그러나 건강한 몸, 늘 나를 응원하는 가족과 친구들, 그리고 지적인 만족을 주면서도 자유로운 직업이 있음에도 걱정, 좌절, 분노, 실망, 죄책감, 질투, 후회 같은 부정적인 감정에 빠지는 경우가 많다. 한마디로 나는 기본 상태가 불만족인 사람이다.

세상에는 행복에 대한 책과 연구서가 무수히 많이 존재하고, 그 수는 꾸준히 늘고 있다. 이런 책들은 모두 나를 부정적인 감정에서 끄집어내 보이겠다고 장담한다. 그러나 솔직히 우울할 때 이런 책들을 읽으면 더 우울해지는 기분이다. 사실 내가 행복하지 못할 이유가 없으며 이만하면 행복해야 한다는 것은 알고 있다. 여러 면에서 다른 사람들보다 형편이 낫다는 것도 알고 있다. 행복한 사람들이 성공한다는 것도 알고 있고, 몇 가지 마음수련법만으로 더 행복해질 수 있다는 것도 알고 있다. 그러나 이미 가라앉은 마음에서 벗어나는 것은 쉽지 않다. 솔직히 털어놓자면 마음 한구석으로는 이런 생각도 한다. 좀처럼 행복해지지 않으려는 나의 마음은 비생산적인 부정성이 아니라 고도로 생산적인 현실주의는 아닐까? 늘 행복하기만 한 삶은 상상하기 어렵다. 사실 늘 행복하다는 사람에게는 의심의 눈초리를 보내게 되기도 한다.

내가 이 글을 써달라는 요청을 수락한 데는 이유가 있다. 지난 몇 년간 나와 비슷한 관점을 가진 사람들이 점점 늘고 있다는 것을 느꼈기 때문이다. 바버라 에런라이크는 2009년 긍정적 사고에 대한 '무차별적인 주창'과 그 부작용을 골자로 한 『긍정의 배신』을 내놓았고, 뒤이어 뉴욕대 심리학 교수 가브리엘 외팅겐은 『무한긍정의 덫』을 내놓았다. 긍정심리학 전문가인 토드 카시단과 로버트 비스워스 디너는 『다크사이드』를 출간했다. 올해는 「사이콜로지 투데이Psychology Today」지에 매튜 허트슨의 「행복을 넘어: 우울이 지닌 긍정적인 측면Beyond Happiness: The Upside of Feeling Down」이라는 글이 실리기도 했다. 그 외에도 스탠퍼드대 켈리 맥고니걸의 『스트레스의 힘』, 영국의 역사학자이자 평론가인 앤서니 셀던의 『행복을 넘어Beyond Happiness』, 영국 골드스미스대 정치학 강사인 윌리엄 데이비스의 『행복산업』 등 많은 책이 출간되었다.

　마침내 행복에 대한 대중의 반발이 시작된 걸까? 어떤 측면에서는 그렇다. 앞서 나열한 책들은 대부분 행복을 **느끼고** 긍정적으로 **생각해야** 한다는 현대사회의 집착을 비판하고 있다. 외팅겐은 우리 앞에 놓인 장애물을 냉정히 분석함으로써 핑크빛 미래에 대한 환상에 제동을 걸어야 한다고 말한다. 카시단과 비스워스 디너의 책과 허트슨의 글은 내가 앞서 말한 부정적인 감정으로부터 얻을 수 있는 이로운 점들을 상세히 다룬다. 이러한 감정들이 우리가 처한 상황을 개선하고 자신을 더 나은 사람으로 만드는 데에 도움이 된다는 얘기다. (「하버드비즈니스리뷰」
에 실린 「감정적이라는 무기Emotional Agility」의 공동저자인 하
버드대 심리학과 수전 데이비드 또한 이 주제에 대한 깊이 있는
글을 쓰곤 한다.)

맥고니걸은 스트레스 같은 불쾌한 상태도 좀 더 관대한
시각으로 바라본다면 건강에 독이 아닌 약이 될 수 있다
고 주장한다. 맥고니걸에 따르면 도전에 직면했을 때 스
트레스를 신체의 자연스러운 반응으로 받아들이는 이들
이 스트레스에 저항하는 이들보다 더 빠른 회복을 보이
며, 수명 또한 길다고 한다.

셀던은 단순한 쾌락의 추구를 벗어나 의미 있는 기
쁨을 찾아나선 자신의 여정과 진전을 그려냈다. 독자들
에게 전하는 조언을 알파벳 순서로 만들어 나열하는 바
람에 깊이가 조금 부족해 보일 수도 있으나, 내용을 소
개하자면 다음과 같다. 자신을 있는 그대로 받아들이기
Accepting oneself, 단체에 속하기Belonging to a group, 좋은 인
성 갖추기having good Character, 자기 수양Discipline, 공감하
기Empathy, 집중하기Focus, 관대해지기Generosity, 건강해

지기Health, 탐구하기using Inquiry, 내면 돌아보기embarking on an inner Journey, 인과응보 받아들이기accepting Karma, 종교와 명상을 함께 받아들이기embracing both Liturgy and Meditation. (다음 책에서도 알파벳 순서를 이어간다면 X와 Z에는 어떤 단어를 쓸지 궁금하기는 하다.)

데이비스의 접근법은 색다르다. 그는 '우리의 뇌 속에서 전개되는 회색의 모호한 과정'를 밝혀내려고 하는 조직적인 시도에 신물이 난다고 말한다. 데이비스는 광고회사들, 인사담당자들, 정부들, 제약회사들이 행복에 대한 인간의 갈망을 측정하고 교묘히 조종해 돈벌이에 이용하고 있다고 주장한다.

물론 앞서 언급한 저자들 중 그 누구도 평범하게 행복한 삶을 살고 싶은 개개인의 열망을 비난하지는 않는다. 우리는 행복한 삶에 대한 열망을 보통 '행복' 추구라고 부르지만, 사실 우리가 원하는 것은 '장기적인 충족감long-term fulfillment'이다. 긍정심리학의 창시자 마틴 셀리그먼은 이를 '플로리싱flourishing(행복의 만개)'이라고 불렀다. 몇 년 전 그는 긍정적인 감정(즉 행복)은 플로리싱을 이루는 한 부분일 뿐, 풍요로운 삶을 얻기 위해서는 열의, 관계, 삶의 의미, 성취 등이 동반돼야 한다고 말했다. 아리아나 허핑턴은 최근 출간한 『제3의 성공』에서 이를 '번성thriving'이라 표현했고, 프레더릭 르누아르는 유쾌하면서도 명석한 자신의 저서에서 '삶에 대한 사랑'이라고 표현했다. 이런 것에 반대할 사람이 어디 있겠는가?

대개의 행복 전문가들이 실수를 하는 지점은 따로 있다. 바로 매일의 행복, 아니 매 순간의 행복이 장기적인 충족감을 얻는 수단이라고 주장하는 것이다. 물이 절반쯤 찬 유리잔을 보고 '잔에 물이 반이나 남아 있다'며 좋아하는 낙관주의자들에게는 통할 얘기일지도 모르겠다. 이들이라면 행복 연구 분야의 저명한 학자 대니얼 길버트의 말처럼 행복을 '우연히 발견'할 수도 있고, 교수에서 컨설턴트로 변신한 숀 아처의 말처럼 '행복의 특권'을 누릴 수도 있다. 숀 아처의 아내이자 컨설팅 회사 굿싱크GoodThink의 파트너인 미셸 길란이 권하듯 '행복을 방송할' 수도 있다. 앞서도 말한 바와 같이 다들 단순한 기술 몇 가지만 알면 가능하다고 말하고 있지 않은가?

그러나 그렇지 않은 사람들에게 저런 지나친 쾌활함은 억지스럽게 느껴진다. 강요된 쾌활함은 의미 있는 인간관계 형성에도, 완벽한 경력 쌓기에도 별 도움이 되지 않는다. 회사의 고용주나 어떤 외부 요인이 우리에게서 저런 쾌활함을 끌어내는 것은 더욱이 불가능하다. 우리는 자기계발서를 읽지 않고도 각자 다른 방식으로 삶의 충족감을 추구해간다. 내 생각이지만, 우리 같은 사람들도 괜찮게 살 수 있을 것이다. 어쩌면, 심지어, 언젠가 행복해질지도 모르는 일이다.

주석

2장

1. A. K. Goel et al., "Measuring the Level of Employee Engagement: A Study from the Indian Automobile Sector," *International Journal of Indian Culture and Business Management* 6, no. 1 (2013): 5–21.

2. J. Lite, "MIND Reviews: The Emotional Life of Your Brain," *Scientific American MIND*, July 1, 2012, http://www.scientificamerican.com/article/mind-reviews-the-emotional-life-of/.

3. D. Goleman, *Destructive Emotions: A Scientific Dialogue with the Dalai Lama.* (New York: Bantam, 2004).

4. D. Goleman et al., *Primal Leadership: Unleashing the Power of Emotional Intelligence.* (Boston: Harvard Business Review Press, 2013).

5. J. Gruber, "Four Ways Happiness Can Hurt You," *Greater Good*, May 3, 2012, http://greatergood.berkeley.edu/article/item/four_ways_happiness_can_hurt_you.

6. R. E. Boyatzis and C. Soler, "Vision, Leadership, and Emotional Intelligence Transforming Family Business," *Journal of Family Business Management* 2, no. 1 (2012) 23–30; and A. McKee et al., *Becoming a Resonant Leader: Develop Your Emotional*

Intelligence, Renew Your Relationships, Sustain Your Effectiveness. (Boston: Harvard Business Review Press, 2008). http://www.amazon.com/Becoming-Resonant-Leader-Relationships-Effectiveness/dp/1422117340.

7. "How Managers Trump Companies," *Gallup Business Journal*, August 12, 1999, http://businessjournal.gallup.com/content/523/how-managers-trump-companies.aspx.

6장

1. C. D. Fisher, "Happiness at Work." *International Journal of Management Reviews* 12, no. 4 (December 2010): 384–412.

2. Ibid.

3. D. M. McMahon, *Happiness: A History.* (New York: Atlantic Monthly Press, 2006.)

4. Fisher, "Happiness at Work."

5. McMahon, *Happiness: A History.*

6. I. B. Mauss et al., "Can Seeking Happiness Make People Happy? Paradoxical Effects of Valuing Happiness," *Emotion* 11, no. 4 (August 2011): 807–815.

7. P. Bruckner, *Perpetual Euphoria: On the Duty to Be Happy*, tr. Steven Rendall. (Princeton, New Jersey: Princeton University Press, 2011.)

8. Ibid, 5.

9. J. P. Forgas and R. East, "On Being Happy and Gullible: Mood Effects on Skepticism and the Detection of Deception," *Journal of Experimental Social Psychology* 44 (2008): 1362–1367.

10. G. A. van Kleef et al., "The Interpersonal Effects of Anger and Happiness in Negotiations," *Journal of Personality and Social Psychology* 86, no. 1 (2004): 57–76.

11. S. Ekman, "Fantasies About Work as Limitless Potential—How Managers and Employees Seduce Each Other through Dynamics of Mutual Recognition," *Human Relations* 66, no. 9 (December 2012): 1159–1181.

12. R. Sennett, *The Corrosion of Character: The Personal Consequences of Work in New Capitalism.* (New York: W.W. Norton, 2000.)

13. H. B. Tan and J. Forgas, "When Happiness Makes Us Selfish, But Sadness Makes Us Fair: Affective Influences on Interpersonal Strategies in the Dictator Game," *Journal of Experimental Social Psychology* 46, no. 3 (May 2010): 571–576.

14. I. B. Mauss, "The Pursuit of Happiness Can Be Lonely," *Emotion* 12, no. 5 (2012): 908–912.

15. G. E. Ledford, "Happiness and Productivity Revisited," *Journal of Organizational Behavior* 20, no. 1 (January 1999): 25–30.

옮긴이 정영은

서강대학교에서 영미문학과 문화를 전공했으며, 이화여자대학교 통번역대학원을 졸업한 후 교육부와 정보통신산업진흥원에서 상근 통번역사로 근무했다. 현재 번역 에이전시 엔터스코리아에서 출판기획자 및 전문 번역가로 활동 중이다. 옮긴 책으로는 『내 안의 바리스타를 위한 커피 상식사전』, 『키르케고르 실존 극장』, 『레키지: 그 섬에서』, 『모두에게 사랑받을 필요는 없다』, 『적에서 협력자로』, 『애주가의 대모험: 1년 52주, 전 세계의 모든 술을 마신 한 남자의 지적이고 유쾌한 음주 인문학』 등이 있다.

KI신서 7711

HOW TO LIVE & WORK #3 행복

1판 1쇄 인쇄 2018년 10월 12일
1판 1쇄 발행 2018년 10월 19일

지은이 제니퍼 모스 애니 맥키 대니얼 길버트 가디너 모스 테레사 M. 에머빌 스티븐 J. 크레이머
그레첸 스프레이처 크리스틴 포래스 앙드레 스파이서 칼 세데르스트룀 앨리슨 비어드 **옮긴이** 정영은
펴낸이 김영곤 박선영 **펴낸곳** (주)북이십일 21세기북스
콘텐츠개발1팀장 이남경 **책임편집** 김은찬
해외기획팀 임세은 장수연 이윤경
마케팅본부장 이은정
마케팅1팀 김홍선 최성환 나은경 송치헌 **마케팅2팀** 배상현 신혜진 조인선 **마케팅3팀** 한충희 최명열 김수현
디자인 어나더페이퍼 **홍보팀장** 이혜연 **제작팀** 이영민

출판등록 2000년 5월 6일 제406-2003-061호
주소 (우 10881) 경기도 파주시 회동길 201(문발동)
대표전화 031-955-2100 **팩스** 031-955-2151 **이메일** book21@book21.co.kr

(주)북이십일 경계를 허무는 콘텐츠 리더

21세기북스 채널에서 도서 정보와 다양한 영상자료, 이벤트를 만나세요!
페이스북 facebook.com/21cbooks   블로그 b.book21.com
인스타그램 instagram.com/book_twentyone   홈페이지 www.book21.com
서울대 가지 않아도 들을 수 있는 명강의! 〈서가명강〉
네이버 오디오클립, 팟빵, 팟캐스트에서 '서가명강'을 검색해보세요!

© 하버드비즈니스스쿨 출판그룹, 2018
ISBN 978-89-509-7658-3 03320